Vite prêt,

trop bon

Sam Stern

et Susan Stern, avec qui il a fait ses débuts

GALLIMARD JEUNESSE

Sommaire

Introduction

Salut, je m'appelle Sam Stern. Et je suis un passionné de cuisine. Mais ce n'est pas un scoop. Depuis la parution des *Recettes de Sam,* tout le monde sait ce que je mijote. Mon précédent livre rassemblait toutes nos vieilles recettes familiales. *Vite prêt, trop bon* est un peu différent. Comme moi, j'imagine.

J'ai beaucoup grandi (désolé, papa, c'est la vie). Ces derniers temps, j'ai eu des tonnes de travail à l'école entre les examens et les devoirs à rendre. La mauvaise nouvelle? Notre chat est sorti faire un tour et il n'est jamais revenu. Les bons points? J'ai marqué pas mal de buts au foot. Je me suis sérieusement mis au cricket. J'ai eu l'honneur de rencontrer mon héros, le cuisinier Jamie Oliver (une légende!). J'ai dû découper un faisan squelettique devant le public d'un plateau de télévision (pas stressant du tout!). Je me suis à moitié endormi sur le vieux canapé (pas confortable, d'ailleurs) de l'émission matinale diffusée sur la BBC. J'étais venu parler de ma vie d'ado et de ma cuisine, expliquer que le fait de cuisiner pour soi permet d'acquérir son indépendance. Tu vois le tableau! J'ai d'autres pistes pour poursuivre mes expériences culinaires.

Lesquelles? Le dimanche, c'est le grand jour. Je me donne une matinée pour tester de nouvelles recettes. Un repas entrée-plat-dessert. Pas de contrainte de temps. J'oublie tout le reste, je m'y consacre à fond, et c'est génial. Le reste de la semaine, je fais au mieux en fonction de mon emploi du temps et du contenu du frigo. C'est là que *Vite prêt, trop bon* entre en scène. Le temps, c'est justement le sujet principal de ce livre qui permet de conjuguer une cuisine savoureuse et de vrais repas avec une vie à cent à l'heure.

Mon livre est conçu de façon très simple : Chaque partie représentée par une couleur comprend des recettes classées en fonction du temps qu'il me faut pour les préparer (5, 10, 15, 20 ou 30 minutes). Mais pas de panique s'il te faut plus de temps! La cuisine n'est pas une science exacte et, de plus, tout peut arriver: un moment de distraction, un appel sur ton portable, le four qui fait des siennes, un coup de fatigue, il te manque une épice, tu es un peu perdu, tu débutes en cuisine (moi, j'ai commencé à trois ans). Ne te mets pas la pression. Il ne s'agit pas d'un examen. Les indications de temps ne sont qu'un repère approximatif censé te guider. Cuisine deux, trois fois le même plat et, inévitablement, tu iras plus vite.

Et ce n'est que du bon! Dans ces pages, je démontre que «fast-food» ne rime pas forcément avec malbouffe. La pizza, par exemple, est délicieuse préparée à la maison avec des ingrédients frais, selon ma recette: une pâte à l'huile d'olive que je garnis ensuite de tomates, d'ail, d'herbes fraîches, d'olives et de fromage. J'adore aussi les kebabs faits maison. Mes hamburgers sont inimitables. Tu trouveras toutes ces recettes rapides dans ce livre et même plus : cuisine tex mex, soufflés, desserts au chocolat, risottos, fruits, steaks, sautés, tortillas, currys, milk-shakes, soupes, purées, salades et légumes. Crois-moi, une fois qu'on sait cuisiner vite et bien, on n'a plus besoin d'acheter des plats tout prêts à base d'ingrédients suspects.

Ce qui nous amène au sujet suivant : les courses. C'est la première étape. Pour t'aider, j'ai établi une liste des principaux ingrédients dont tu auras besoin dans les placards, le frigo ou lecongélateur. Faire les courses peut se révéler très amusant. J'ai la chance d'habiter une ville qui possède quelques bonnes épiceries, un super boucher qui me conseille sur le choix des viandes et la façon de les cuisiner, un marché quotidien doté d'un étal de poisson et, le week-end, un marché de petits producteurs. Les commerçants connaissent leurs produits, aussi, fais comme moi, n'hésite pas à leur poser des questions. Pars à la chasse aux conseils. Renseigne-toi sur ce que tu manges. Assure-toi de la qualité. Ne te fais pas arnaquer. Sens. Touche. Tâte le poulet que tu achètes : sa chair doit être ferme, surtout pas spongieuse ou élastique. Vérifie qu'il n'a pas été gorgé d'eau, ou autre, les composants chimiques s'utilisent en labo, pas en cuisine. Sélectionne de bons fromages, des fruits et des légumes frais, des pâtes, du riz et des céréales de qualité. Choisis le meilleur, qu'il s'agisse du sel, du poivre ou du pain (essaie de le faire toi-même). L'huile utilisée pour la cuisson peut modifier radicalement le goût d'un plat. Attention, je n'ai rien contre les supermarchés ; ils proposent des produits qu'on ne trouve pas toujours ailleurs. On y va tous. Simplement, diversifie ton shopping.

La grande astuce consiste à cuisiner à l'avance. À l'époque où on apprenait à cuisiner à l'école (vive les cours de cuisine !), on appelait ça « l'art d'accommoder les restes » : malgré l'expression un peu vieillotte, c'est une idée géniale à mettre en pratique. Mets-la en pratique.

Exemple : si tu prépares ma recette de sauce bolognaise pour accompagner des spaghettis, multiplie la quantité par deux. Tu auras alors en réserve une sauce délicieuse que tu pourras ajouter à du riz et des poivrons ou étaler sur des crêpes salées pour les petites faims. Congeler les restes permet aussi de gagner du temps (tu trouveras bien d'autres conseils au fil de ces pages). Dans la partie « 5 minutes », tu découvriras – oh, merveille ! – un poulet rôti, un jambon cuit au four avec du miel, du rosbif, ou encore du pâté de foie de volaille.

Évidemment, ces choses-là ne se préparent pas en cinq minutes. Mais, si tu les conserves au frigo, il ne te faudra que cinq minutes pour préparer un sandwich avec quelques ingrédients à portée de main, tels que du bon pain, des fruits et des légumes frais, des cornichons, etc.,

Dans le chapitre « 15 minutes », je te défie à une course contre la montre. En cuisine, tut faire en même temps demande beaucoup d'habileté. Certains adultes de ma connaissance n'en sont pas capables : ce qui les pousse, peut-être, à manger des plats préparés (pas de complication, mais où est le plaisir ?). L'important, c'est de définir les priorités. Les temps de préparation figurent dans la recette. Dans l'ordre : plat principal, sauce, légumes, salade puis assaisonnement. Un peu de calcul mental et le tour est joué.

Ce n'est pas bien difficile. Quand j'ai beaucoup à faire et que je cuisine dans l'urgence, je prends un stylo et je me fais un programme que je colle sur le four.

Bref, maintenant tu as le mode d'emploi et tu vas pouvoir te familiariser avec la cuisine au quotidien. Il va t'aider quand tu cuisines pour toi, quand tes copains débarquent et quand tu cherches à impressionner une fille, ou deux… voire trois ou quatre. Des examens à l'horizon ? Un entraînement ou des matches importants ? Quelques jours de randonnée ? Ta grand-mère te rends visite ou tes parents rentrent tard ? C'est réglé. Et puis il y a aussi la cuisine plaisir, celle qui réunit les amis à l'occasion d'une fête. En avant la musique, et à ton tablier !

Dix façons de gagner du temps

Ne panique pas devant l'heure qui tourne ! Gère ton temps. Approprie-toi la cuisine. Nomme un sous-chef si tu veux ou fais évacuer la pièce et mets ta musique. C'est l'heure de cuisiner, amuse-toi !

1 Ne perds pas de temps à déambuler dans la cuisine à la recherche d'un ingrédient ou d'un ustensile. Organise-toi pour un maximum d'efficacité.

2 Plus les légumes sont coupés petits, moins ils mettent de temps à cuire. Oui, oui, je sais, c'est évident…

3 Tu utilises le four ? Première chose à faire : préchauffe-le.

4 Économise du temps et de l'énergie en choisissant le bon format de casserole ou de poêle.

5 L'eau met des siècles à bouillir, efforce-toi d'en utiliser le moins possible. Couvre la casserole pour que ça chauffe plus vite.

6 Organise ton temps au mieux. En attendant que l'eau bout ou que ta marinade soit prête, occupe-toi d'autre chose, de l'assaisonnement de la salade, par exemple.

7 Certains plats tels qu'un curry, une bolognaise ou une viande marinée sont meilleurs le lendemain. Pourquoi ne pas les préparer la veille et les conserver au frais ?

8 Double les quantités quand tu prépares une soupe ou de la pâte à pizza. C'est du temps gagné et d'autres repas en perspective.

9 Saute sur l'occasion ! S'il te reste du pain, passe-le au mixeur et congèle les miettes. Prépare un bouillon avec tes viandes rôties. Congèle des fruits pour tes crumbles, yaourts et milk-shakes.

10 Utilise les bons ustensiles. Tu iras plus vite avec un couteau bien aiguisé. Sers-toi du mixeur. Investis dans une balance précise et dans une bonne râpe.

Détends-toi, tu as bien 5 minutes

Donc pas le temps de cuisiner un repas de huit plats pour tes copains et ton chien, on est d'accord. Mais il t'en reste quand de même assez pour préparer une de **mes recettes**. Plus pratique, tu meurs ! **Délicieuses**, saines (elles améliorent ton humeur, ton appétit, ta concentration), elles ne nécessitent presque pas de préparation (l'idée, c'est de tout préparer la veille ou le week-end, quand tu as du temps devant toi).

Bien sûr, il te faudra aller faire **les courses** mais ce n'est pas la mer à boire. Chez moi, la meilleure épicerie se trouve de l'autre côté de la rue, en face d'une super boutique de vêtements et près d'une piste de skate. Et, autre avantage, quand on fait les choses soi-même, on ne triche pas. Savoir **combiner les ingrédients**, c'est un excellent moyen d'apprendre à bien cuisiner.

Tartines express

Le pain, j'adore. Idéal pour l'école, j'en emporte presque tous les jours, en sandwich ou tout seul. À la maison, le pain est l'ingrédient principal de mes recettes express à grignoter sur le pouce ou en accompagnement du repas. Trouve un bon boulanger ou teste le célèbre pain à la mélasse de ma mère (il se conserve une semaine), ma recette de pain blanc classique ou encore celle du scone bread.

Mouillettes et olives

Ingrédients

- **Du bon pain : focaccia, ciabatta ou pain blanc (page 124)**
- **Des olives de ton choix**
- **1 bonne rasade d'huile d'olive vierge extra**

Pour faire des mouillettes, je prends de la focaccia, de la ciabatta ou mon pain blanc maison. L'huile d'olive, c'est délicieux et très bon pour la santé. Achète ton huile en petite quantité et trouve celle qui te convient (moi, je l'aime fruitée). Lis les étiquettes ou demande conseil à ton épicier. Tu peux trouver des olives de toutes sortes : marinées avec des herbes, pimentées, dénoyautées, vertes, noires, petites ou grosses. Demande à les goûter. C'est le meilleur encas qui existe et puis c'est un rituel sympa. Temps de préparation : allez, une minute ?

Préparation

1. Coupe le pain en tranches.
2. Verse un peu d'huile dans une assiette.
3. Dispose des olives sur le bord de l'assiette.
4. Trempe ton pain dans l'huile. Sublime.

VARIANTE
MOUILLETTES ET AÏOLI : prépare une mayo aillée (page 123). Tu es pressé ? Ajoute deux grosses gousses d'ail écrasées et un filet de jus de citron à une bonne mayo du commerce. Étales-en sur du pain. Un classique prêt en un clin d'œil.

Tartine de pâté de foie de volaille au chutney

Ingrédients

- **1 tranche de pain**
- **1 beau morceau de pâté de foie de volaille**
- **Chutney aux pommes**
- **Cornichons et petits oignons marinés**
- **1 pomme croquante**

Pour cette recette, j'aime bien utiliser du pain à la mélasse (page 125) mais du pain blanc ou du pain complet feront aussi bien l'affaire. Lance-toi dans ma recette de pâté maison (page 124) ou achètes-en un bon. Déguste-le avec du chutney aux pommes (page 124). Mes copains adorent.
Et rien de tel pour impressionner les filles.

Préparation

1. Dans une assiette, dispose le pain (pas besoin de beurre).
2. Ajoute une tranche de pâté, le chutney, les cornichons et les oignons.
3. Lave la pomme et coupe-la en lamelles. C'est prêt !

Tartine de charcuterie, tomate et cornichons

La charcuterie exige un pain de caractère. Tente un pain italien (ciabatta, focaccia) ou un pain fait maison. Achète quelques tranches de jambon de Parme ou de Serrano. Du poulet ou de la dinde fumés feront aussi l'affaire. Demande à goûter le salami. Qui sait? Peut-être que tu aimeras.

Ingrédients

- **1 tranche de bon pain**
- **Un peu de beurre ou d'huile d'olive**
- **Quelques tranches de charcuterie**
- **1 bonne tomate bien mûre**
- **Cornichons**

Préparation

1. Tartine un peu de beurre sur le pain ou verse un peu d'huile d'olive dans une assiette.
2. Dispose la charcuterie dans l'assiette (attention, le jambon cru coupé fin se défait facilement).
3. Coupe la tomate en quartiers. Ajoute les cornichons. Régale-toi.

Tartine de fromage, charcuterie et cornichons

Si tu as du pain blanc et du pain complet, prends une tranche de chaque. Le tout, avec ce genre d'encas, c'est de varier les goûts et les consistances, comme ici d'associer du bon fromage avec de la charcuterie. Qu'est-ce qui se marie bien ensemble? À toi de le découvrir. Flâne près du rayon fromages et demande à goûter, ça ne coûte rien. Et un repas de réglé !

Ingrédients

- **Tranches de pain blanc et complet**
- **Un peu de beurre (non salé, de préférence)**
- **De la charcuterie de ton choix**
- **Des fromages variés (cheddar, gruyère, vignotte, brie, roquefort, etc.)**
- **Mon chutney aux pommes (page 124)**

Préparation

1. Beurre ton pain.
2. Coupe le fromage. Dispose la charcuterie dans une assiette.
3. Ajoute le chutney.

Assiettes méditerranéennes

Le goût des vacances toute l'année, c'est possible ! La mozzarella, c'est sublime, et le jambon de Parme constitue l'encas idéal : pas trop calorique et un goût subtil. Chez le traiteur ou au supermarché, opte pour la meilleure qualité. Emballé sous vide, il se conserve des siècles.

Assiette de jambon de Parme et mozzarella

Ingrédients

- **Jambon de Parme**
- **Mozzarella**
- **1 tomate bien mûre**
- **1 échalote émincée**
- **Quelques feuilles de roquette ou autre**
- **Vinaigrette au vinaigre balsamique**

Probablement l'assiette minute que je préfère. La mozzarella est vendue sous vide et elle se conserve longtemps, elle aussi. Achète-la sous forme de boules. J'en mange au déjeuner, la nuit quand j'ai une petite faim, en rentrant de l'école, ou au petit déjeuner. Garde de la vinaigrette au frigo pour assaisonner ton assiette.

Préparation

1. Dispose le jambon sur une assiette.
2. Coupe la tomate, la mozzarella et alterne-les sur l'assiette.
3. Répartis l'échalote sur la tomate et ajoute la roquette.
4. Arrose de vinaigrette (page 122) la roquette et la mozzarella.

Melon et jambon

Ingrédients

- **Jambon de Parme**
- **1 melon bien mûr**

Le melon apporte beaucoup de vitamines, c'est un aliment très bon pour la santé. Fais-lui passer ce test avant de l'acheter. Tâte-le : la chair doit être un peu souple sous les doigts. Sens-le : il doit dégager une bonne odeur. Il se marie bien avec le sel du jambon de Parme.

Préparation

1. Coupe le melon en quatre à l'aide d'un couteau aiguisé.
2. Retire les graines et la peau. Coupe des tranches fines et dispose-les sur une assiette.
3. Ajoute le jambon de Parme. C'est aussi simple que ça.

Assiettes de viande froide

Question gain de temps, il n'y a pas mieux. Cuisine une viande au four (pages 120-121). Déguste chaud avec une garniture. Range les restes au frigo. Tu auras de quoi te préparer une belle assiette le lendemain.

5 minutes

Assiette de poulet froid

Cuisine un poulet. Laisse-le refroidir et découpe-le. Ajoute du sucré et du salé. Le cresson est idéal pour relever une viande. Tu as un autre ingrédient sous la main ? Personnalise ton assiette.

Préparation

1. Sur une assiette, dispose du blanc de poulet ou une cuisse.
2. Ajoute de l'ail à la mayonnaise, du jus de citron et un peu de harissa.
3. Sur une assiette, dispose la mayonnaise, du raisin et du cresson.

Ingrédients

- **Poulet rôti froid**
- **Mayonnaise aillée (page 123)**
- **Harissa**
- **Jus de citron**
- **Cresson**
- **Raisin**

Assiette de jambon

Le jambon rôti, c'est l'idéal. Un peu sucré, facile à découper, il se conserve bien et se marie avec tout. À tes fourneaux ! Mon frère Tom m'en pique pour son déjeuner à la fac. P.S. : c'est un jeu d'enfant de cultiver sa roquette, et c'est économique !

Préparation

1. Découpe le jambon.
2. Dispose des rondelles de tomates.
3. Épluche une orange et coupe-la en quartiers.
4. Dispose le tout sur une assiette avec du coleslaw et de la roquette.

Ingrédients

- **Jambon rôti**
- **Tomates bien mûres**
- **1 orange**
- **Coleslaw (salade de chou et de carotte à la mayonnaise)**
- **Roquette**

Assiette de rosbif

La reine des assiettes est vraiment rock'n roll ! En avant la musique ! Privilégie une cuisson à point pour une viande bien tendre.

Préparation

1. Découpe de fines tranches de rosbif avec un couteau bien aiguisé.
2. Présente sur une assiette et déguste avec du bon pain beurré.

Ingrédients

- **Rosbif froid**
- **Moutarde ou raifort**
- **Roquette, cornichons**
- **Vinaigrette**

Poisson minute

Le poisson vendu sous vide occupe une place de choix dans ce chapitre : maquereau fumé ou saumon fumé, prends bien le temps de choisir. Les crevettes fraîches, elles, doivent être consommées rapidement. Pour gagner du temps, achète-les surgelées, tu en auras toujours sous la main.

Ingrédients

- Tranches de bon saumon fumé
- Poivre noir
- 1 citron
- Pain complet ou pain à la mélasse (page 125)
- Beurre
- Roquette
- 1 tomate
- 1 échalote
- Vinaigrette à la moutarde (page 122)

Assiette
de saumon fumé

Le saumon booste les neurones, tu ne le savais pas ? C'est l'aliment idéal en période de révision.

Préparation

1. Dispose le saumon sur une assiette. Poivre et ajoute pas mal de jus de citron.
2. Tartine le pain d'un peu de beurre.
3. Émince la tomate et l'échalote. Dispose-les sur l'assiette avec la roquette.
4. Arrose d'une vinaigrette à la moutarde et à l'aneth ou de quelques gouttes de vinaigre balsamique.

Assiette
de crevettes

Les crevettes sont idéales pour un repas rapide. Les filles adorent (d'après Alice, ma sœur non végétarienne). Accompagne-les d'une sauce cocktail vite prête.

Ingrédients

- Crevettes
- 1 cuillerée de mayo
- de l'ail écrasée
- Ketchup
- du jus de citron
- Poivre noir
- Laitue Iceberg
- Quartiers de citron

Préparation

1. Mets les crevettes dans un bol.
2. Mélange de la mayonnaise, de l'ail, du jus de citron et un peu de ketchup.
3. Nappe les crevettes de mayo et dépose-les sur un lit de salade. Poivre.

Fruits et légumes minute

Remplis ton bac de légumes et de fruits, tu en auras besoin au fil de ces pages pour préparer des légumes grillés ou des salades de fruits frais. N'oublie pas de doubler les quantités quand tu cuisines et de conserver les restes au frigo pour les imprévus. À l'occasion d'un repas sur le pouce, mange les légumes en crudités.

Salade poire-avocat

L'avocat, ça ne sert pas qu'à fabriquer des shampoings. Manges-en et, peut-être, tu rayonneras de l'intérieur ! Accompagne cette salade de ma vinaigrette au vinaigre balsamique (page 122) ou d'une sauce express à la crème fraîche.

Ingrédients

- **1 avocat**
- **1 poire**
- **Crème liquide**
- **Vinaigre de vin blanc**
- **Estragon frais haché**
- **Tomate en rondelles**
- **Oignon rouge émincé**

Préparation

1. Coupe l'avocat et la poire en lamelles.
2. Dans un bol, verse la crème fraîche, ajoute un filet de vinaigre de vin blanc et l'estragon. Nappe la poire et l'avocat avec la sauce.
3. Répartis l'oignon émincé sur les rondelles de tomate. Sers avec du bon pain.

Assiette de houmous et de légumes

Bien meilleur que les chips ! Achète un bon houmous ou fais-le toi-même quand tu as le temps (page 37). Sers-le avec des légumes en conserve (cœurs d'artichauts, tomates séchées, olives) et du pain ou de la pita. Ou avec des crudités. C'est le plat préféré de mes sœurs végétariennes, Polly et KR.

Ingrédients

- **Houmous**
- **Carottes**
- **Céleri**
- **Concombre**
- **Courgettes**
- **Poivrons rouges**
- **Poivrons jaunes**

Préparation

1. Mets le houmous dans un bol et pose le bol sur une grande assiette.
2. Épluche puis émince les carottes et le céleri dans le sens de la longueur. Fais de même avec les courgettes et le concombre. Coupe les poivrons en deux, épépine-les et retire le pédoncule. Émince-les. Dispose les lamelles de légumes autour du bol de houmous.

Ingrédients

- **Biscottes ou pain**
- **Assortiment de noix**
- **Raisins secs**
- **Graines de citrouille**
- **Dattes fraîches**
- **Fromage à pâte molle**
- **Pomme**
- **Raisin**
- **Un morceau de ton chocolat préféré**

Assiette de fruits, fromage, fruits secs et chocolat

Je l'adore ! Elle se grignote partout, à l'école ou vautré sur le canapé du salon. Elle associe saveurs et consistances différentes.
À déguster avec des biscottes ou mon super scone bread (page 125).
Personnalise ton assiette en privilégiant le chocolat.

Préparation

Tu sais comment ça marche. Dispose tous les ingrédients sur une assiette. Régale-toi.

Fruits et yaourts

Envie d'un encas sucré avec des fruits ? Moi, j'en mange presque tous les jours. Idéal pour rester en forme et garder l'esprit vif. Les fruits, c'est délicieux avec du yaourt comme ingrédient de base.

Yaourt chocolat-banane

D'accord, pas besoin d'être un grand chef pour réussir cette recette mais attends avant de critiquer, elle a des arguments pour elle !

Préparation

1. Verse le yaourt dans un bol.
2. Ajoute les bananes coupées en rondelles.
3. Râpe du chocolat par-dessus.

Ingrédients

- 150 ml de yaourt nature
- 1 ou 2 bananes bien mûres
- Un peu de bon chocolat

Délice croustillant au miel et à l'orange

Tu viens de préparer une fournée de biscuits (page 89) ? Réduis-les en miettes ou utilise des sablés, des spéculoos ou des amarettis.

Préparation

1. Verse le yaourt dans un bol.
2. Mélange avec les biscuits émiettés.
3. Ajoute les quartiers d'orange (plus le jus) et les raisins secs.
4. Nappe de miel.

Ingrédients

- 150 ml de yaourt nature
- 1 orange coupée en quartiers
- 1 ou 2 biscuits
- Quelques raisins secs
- Miel liquide

ASTUCE TEMPS

Le miel liquide c'est mieux en doseur.

Délice croustillant aux fruits rouges

Miam… Les fruits rouges sont parfaits pour un dessert estival (mûres, fraises, framboises, myrtilles). Fais le plein d'énergie pour cartonner en sport.

Préparation

1. Mets les fruits rouges lavés dans un bol.
2. Dans un autre bol, mélange le yaourt, le miel et les céréales.
3. Nappe les fruits rouges avec ce mélange. Ajoute quelques céréales dessus.

Ingrédients

- Une poignée de fruits rouges de ton choix
- 150 ml de yaourt nature, à la vanille ou au miel
- 2 cuillères à soupe de céréales croustillantes
- Miel liquide

Smoothies et milk-shakes

Les smoothies, c'est beau et bon à la fois. Prends le temps de t'en préparer. Utilise les fruits de ton choix. Tu es en pleine croissance? Prends du lait entier. Tu veux garder la ligne? Opte pour le lait demi-écrémé. Tu ne manges pas de produits laitiers? Prends du lait de soja. Facilite-toi la tâche : utilise un mixeur.

Mon smoothie basique

Préparation

1. Choisis des fruits rouges. Lave-les. (Opte pour des fruits surgelés si tu ne peux pas t'en procurer des frais.)
2. Épluche une banane. Coupe-la en morceaux avec les doigts.
3. Mets-la dans le récipient en plastique de ton mixeur.
4. Ajoute les fruits rouges et un filet de miel.
5. Verse le lait jusqu'à ce qu'il ait recouvert les fruits. Remplace éventuellement le lait par du yaourt nature si tu préfères.
6. Mixe et déguste.

Mon petit déjeuner fortifiant

BANANE, FRAMBOISES ET MYRTILLES

Je m'en prépare presque tous les jours. Parfait pour un petit déjeuner express avec des galettes d'avoine. Dans le mixeur, mets des morceaux de banane, plein de framboises et de myrtilles. Ajoute 300 ml de lait et un filet de miel. Mixe.

Mûre

BANANE, MÛRES ET FRAMBOISES

Un goût somptueux, une belle couleur. Le préféré de ma sœur. Dans le mixeur, mets des morceaux de banane, 4 mûres, une poignée de framboises (ou de fraises). Ajoute 300 ml de lait et un filet de miel. Mixe.

Banane exotique

BANANE, MANGUE ET FRAMBOISES

Très original. Le père de mon copain Tom, qui s'occupe de commerce équitable, vend des mangues séchées. C'est son smoothie préféré. Dans le mixeur, mets tes morceaux de banane, une mangue fraîche épluchée et coupée en morceaux, et beaucoup de framboises. Ajoute 300 ml de lait et un filet de miel. Mixe.

Fraise light

BANANE ET FRAISES

Frais, léger et mousseux. Le plus onctueux des smoothies? Dans le mixeur, mets des morceaux

de banane, une bonne ration de fraises (coupe-les si elles sont trop grosses). Ajoute 300 ml de lait et un filet de miel. Mixe.

Orange vitaminée

BANANE ET ORANGE

Un goût subtil. D'ordinaire, ces fruits-là traînent dans la cuisine. Dans un mixeur, mets des morceaux de banane et le jus d'une orange. Ajoute 300 ml de lait (remplace-le par du yaourt à la vanille si tu préfères) et un filet de miel. Mixe.

Tropical

BANANE, ANANAS ET ORANGE

Un peu comme une glace tutti-frutti. Opte pour de l'ananas frais si possible, sauf si tu préfères l'emporter pour le dessiner en cours d'arts plastiques… Dans le mixeur, mets 1 banane coupée en morceaux, une petite boîte d'ananas coupé en rondelles et quelques quartiers d'orange. Ajoute 300 ml de lait (que tu peux remplacer par du yaourt) et un filet de miel. Mixe.

Milk-shakes

Préparés en un tournemain avec de la glace, du lait, du chocolat et des bananes.

Le classique au chocolat

Un goût somptueux. Peut aussi faire office de boisson énergisante.

Verse 300 ml de lait dans le mixeur. Ajoute une cuillère à soupe de cacao en poudre et 2 boules de ta meilleure glace au chocolat. Mixe et ajoute une autre boule de glace.

La variante à la banane

Si tu as encore une minute, essaie cette variante ! Remplace le cacao en poudre par 1 ou 2 bananes. Mixe. Verse dans un verre. Ajoute une autre boule de glace.

Toasts à emporter

Le toast est ton meilleur ami. Il n'y a pas d'heure pour en manger. Emporte-le dans le bus ou régale-toi à la maison. Et pourquoi ne pas faire ton pain toi-même?

Le meilleur : le toast basique

Pour 1 personne

Ingrédients

- **2 tranches de pain blanc, multicéréale ou à la mélasse (page 125)**
- **Beurre**

Garniture

- **Sucré : confiture, marmelade, Marmite (cf. p. 21), miel**
- **Salé : houmous (page 37), tapenade (page 123), baked beans (haricots blancs cuisinés à la sauce tomate)**

Préparation

1. Règle le gril du four à température moyenne.
2. Coupe le pain en tranches si tu n'utilises pas du pain prétranché.
3. Mets les tranches sur la plaque du gril et retourne-les quand elles sont dorées pour griller l'autre côté, ou utilise un grille-pain.
4. Pour des toasts qui dégoulinent, étaler le beurre aussitôt.
5. Pour des toasts croustillants, laisser refroidir avant de tartiner.
6. Pour les amateurs de mouillettes, couper le toast en bâtonnets.

Mon toast à la tomate et à l'ail

Pour un petit déjeuner très méditerranéen. Peut se déguster à n'importe quel moment.

Pour 1 personne

- **2 tranches pain blanc**
- **Huile d'olive**
- **1 gousse d'ail**
- **1 tomate mûre**

Préparation

1. Prépare tes toasts selon la méthode de base. Dispose-les sur une assiette.
2. Frotte-les avec de l'ail.
3. Arrose-les d'un filet d'huile d'olive.
4. Écrase une moitié de tomate au-dessus de chaque toast.
5. Jette le reste de tomate et régale-toi.

VARIANTE
À L'ÉTAPE 4 émince 2 tomates et mets-les sur tes toasts avec du sel, du basilic et un filet d'huile d'olive.

Le toast de Jess

Tartine ton toast avec la crème au citron maison de Jess. Essaie aussi avec ma recette rapide de scone bread (page 125).

Pour 1 personne

- **2 tranches de pain blanc**
- **Un peu de beurre**
- **Crème au citron maison (page 117) ou du commerce**

Préparation

On ne peut pas faire plus simple. Fais griller ton pain et tartine-le.

Pain à la mélasse et Marmite de Joe

La Marmite est une marque britannique de pâte à tartiner à base de levure de bière. Je suis d'accord avec Joe : le sucré du pain et le salé de cette pâte vont bien ensemble.

Pour 1 personne

- **2 tranches de pain à la mélasse (page 125)**
- **Beurre**
- **Marmite**

Préparation

Toaste ton pain. Tartine-le de beurre et de Marmite.

Le toast au beurre de cacahouète et à la banane de Dom

Dom et moi, on fait du sport ensemble. Ce toast énergétique est bon pour les muscles. À déguster avec un milk-shake au chocolat (page 19).

Pour 1 personne

Ingrédients

- 2 tranches de pain blanc, complet ou à la mélasse (page 125)
- 1 ou 2 cuillères à soupe de beurre de cacahouète
- 1 banane coupée en rondelles ou écrasée

Préparation

1. Toaste le pain. Tartine-le d'une bonne couche de beurre de cacahouète.
2. Ajoute la banane.

POURQUOI PAS ?
Tu peux aussi le déguster en sandwich ou le faire gratiner au gril.

Le toast au fromage de Charlotte

Vite fait, bien fait.

Pour 1 personne

Ingrédients

- 2 tranches de pain blanc, complet ou à la mélasse (page 125)
- Gruyère coupé en tranches fines
- Chutney à la mangue (facultatif)

Préparation

1. Préchauffe le gril au maximum.
2. Toaste le pain sur un côté. Tartine l'autre côté de chutney.
3. Ajoute le fromage. Toaste jusqu'à ce que le dessus ait gratiné.

Le toast à la cannelle de Hatty

La classe ! Prépare ton mélange à la cannelle et mets-le au frigo pour plus tard.

Pour 1 personne

Ingrédients

- 50 g de beurre ramolli
- 35 g de sucre en poudre
- 1 cuillère à café de cannelle en poudre
- 1 ou 2 tranches de pain blanc, complet ou multicéréale

Préparation

1. Préchauffe le gril.
2. Mélange le beurre, le sucre et la cannelle jusqu'à obtenir une crème bien lisse. Goûte, ajoute un peu de cannelle si tu le souhaites.
3. Toaste un côté du pain. Étale ton mélange sur le côté non toasté.
4. Toaste l'autre côté jusqu'à ce que le dessus ait gratiné.

10 minutes chrono

Mets ton tablier (ce n'est pas obligatoire, tu peux aussi faire comme moi : glisser un torchon dans la poche arrière de ton jean et t'en servir au besoin). C'est l'heure de cuisiner. D'accord, les **sandwichs** ne sont pas une spécialité de cordon bleu mais, chez moi, ils ont droit à leur étoile Michelin. Chaque repas doit être un véritable événement, même s'il est préparé en un rien de temps.

Il y a quelques idées sympas dans ce chapitre. De belles **tartines**, des **pâtés** et autres **sauces** selon ton humeur, et une farandole d'**omelettes** (d'accord, c'est simple à réaliser mais si tu les réussis, c'est le signe que tu es un vrai chef). De jolies **salades** chaudes ou froides. Et des **desserts** aux fruits renversants.

Sandwichs de rêve

Quoi, des sandwichs ? Pas si vite, un sandwich, ça peut être merveilleux ! Pour commencer, déguste tous les délicieux ingrédients que j'ai choisis entre deux tranches de pain. Ensuite, combine ces recettes entre elles.

Pour 1 personne

Ingrédients

- 2 œufs durs
- 1 cuillère à soupe de mayo
- Poivre noir
- Jambon rôti
- Un peu de confiture de piments
- 2 tranches de pain blanc, complet ou à la mélasse (page 125)

VARIANTE
VÉGÉTARIENNE
Remplace le jambon par du cresson ou une tomate.

ASTUCE TEMPS

Fais cuire les œufs durs à l'avance. Plonge-les dans une casserole d'eau bouillante et laisse cuire 10 minutes. Passe-les sous l'eau froide avant de les écaler.

Sandwich jambon, œuf mayo et confiture de piments

Idéal quand tu rentres du sport. Les œufs sont une bonne source de protéines. Hé, les sportifs ! C'est bon pour les muscles !

Préparation

1. Écale les œufs. Écrase-les dans un saladier avec la mayonnaise et le poivre.

2. Coupe le pain en tranches fines pour le jambon du boucher, en tranches épaisses pour ton jambon rôti. Tartine-le de confiture de piments. Sur une tranche, dispose le mélange œuf-mayo et le jambon. Recouvre avec l'autre tranche de pain. Délicieux !

Roulé
au thon, oignons et concombre

En voilà un qui a du goût ! Et qui te fera oublier une journée assommante à l'école. Le thon et la mayonnaise se la jouent sushi grâce au gingembre et au wasabi.

Pour 1 personne

- 200 g de thon en boîte
- 2 cuillères à soupe de mayonnaise (page 123)
- 1 cuillère à café de wasabi ou de raifort
- 2 ciboules, l'une hachée, l'autre coupée en rondelles
- 10 cm de concombre épluché, moitié haché, moitié coupé en rondelles
- Quelques feuilles de coriandre
- Un peu de gingembre frais râpé ou mariné
- Jus de citron
- Sel, poivre noir
- Laitue ou autre salade
- 1 galette type tortilla

Préparation

1. Égoutte le thon et écrase-le à la fourchette dans un bol. Ajoute la mayonnaise et un peu de wasabi ou de raifort. Goûte et rectifie l'assaisonnement si nécessaire.
2. Ajoute la ciboule, le concombre, la coriandre, le gingembre, et un peu de jus de citron. Le mélange ne doit pas être trop liquide. Sale et poivre.
3. Étale ta tortilla. Dispose une feuille de laitue au milieu et tartine ton mélange dessus.
4. Roule la tortilla. Replie chaque extrémité pour fermer et découpe en diagonale avant de servir.

Pita à la salade grecque

Deux heures de physique à affronter ? J'emporte du soleil, de la mer et cette savoureuse pita. C'est fou ce que les saveurs font voyager ! De la feta, des fines herbes, des olives pour une super salade accompagnée d'une vinaigrette relevée. Les olives contiennent beaucoup de fer, ce qui pourrait s'avérer utile en cours de physique.

Pour 1 personne

- 75 g de feta en cubes
- 1 cuillère à soupe d'huile d'olive
- Jus de citron
- Quelques feuilles de coriandre hachées ou du thym
- Quelques olives dénoyautées
- 1 tomate hachée
- Quelques rondelles de concombre épluché
- 10 g d'oignon rouge haché menu
- 1 pain pita

Préparation

1. Mets la feta dans un saladier. Ajoute l'huile, le jus de citron, les herbes. Mélange et laisse mariner quelques minutes si tu as le temps.
2. C'est l'heure de manger ? Ajoute les olives, le concombre, l'oignon et la tomate dans le saladier. Mélange.
3. Réchauffe le pain pita dans le grille-pain. Ouvre-le dans le sens de la longueur avec un couteau aiguisé.
4. À l'aide d'une petite cuillère, garnis la pita avec le mélange.

POURQUOI PAS ?
Remplace la feta par du thon. Ajoute un œuf dur.

VARIANTE
PITA AUX CHAMPIGNONS : Remplace les patates par quatre gros champignons de Paris lavés et coupés en dés que tu auras fait revenir à la poêle.

Pour 1 personne

- 2 pommes de terre cuites coupées en cubes
- 1 cuillère à café d'épices tandoori ou curcuma/cumin
- Jus de citron
- Quelques brins de coriandre ou persil
- 1 pita
- Chutney à la mangue
- Un petit oignon rouge émincé
- 2 cuillères à soupe d'houmous
- Céleri émincé
- 25 g de gruyère râpé
- 10 g de raisins secs

ASTUCE TEMPS
Quand tu fais rôtir un poulet (page 121), double les quantités de pommes de terre. Garde tes patates cuites au jus de poulet dans le frigo pour les incorporer à des omelettes, des sautés, ou à cette pita.

Pita aux pommes sautées

Ça peut paraître bizarre, mais c'est délicieux. Les restes de patates froides s'accommodent bien. Fais-les revenir à la poêle si tu les aimes moelleuses. Ou cuis-les au gril si tu les préfères croustillantes. Garnis ta pita avec des tonnes de bons ingrédients. N'essaie pas de faire joli, jette tout pêle-mêle dans le pain, c'est comme remplir ton sac avant d'aller en cours le matin.

Préparation

1. Fais chauffer la poêle à gril. Badigeonne la plaque avec un peu d'huile. Saupoudre légèrement tes patates d'épices. Fais-les griller 1 à 2 minutes jusqu'à ce qu'elles soient bien croustillantes. Ou fais revenir à la poêle tes cubes de patate dans un peu d'huile d'olive avec les épices en remuant bien.
2. Assaisonne-les avec un peu de jus de citron et la coriandre. Mets-les de côté le temps qu'elles refroidissent.
3. Fais chauffer la pita dans le grille-pain puis coupe-la dans le sens de la longueur avec un couteau aiguisé. Tartine ton pain avec un peu de chutney. Garnis-le avec le houmous, le gruyère, le céleri, les raisins, l'oignon rouge et les pommes-de-terre. Déguste chaud ou froid. Délicieux.

Sandwichs club

Un des classiques de la restauration : le sandwich club. Régale-toi, régale tes amis ou tes parents quand ils rentrent tard. La règle de base : un pain bien croustillant. Mélange des saveurs et des consistances variées.

10 minutes

Club au poulet, jambon, tomate, salade et mayo

Empile les ingrédients. Plus le sandwich est gros, meilleur il est. N.B. : le tryptophane (tape le mot dans Google) qu'on trouve dans le poulet et le jambon permet de lutter contre le stress. À moins que ce ne soit le fait d'empiler toutes ces bonnes choses !

Pour 1 personne

Ingrédients

- 3 tranches de pain blanc
- Mayo nature, aillée ou à la harissa (page 123)
- Chutney à la mangue
- Pesto (facultatif ; page 124)
- Restes de poulet rôti
- Tranches de jambon rôti
- Tomate finement émincée
- Roquette, laitue ou pousses d'épinard

Préparation

1. Toaste le pain. Ôte la croûte avec un couteau aiguisé.
2. Étale de la mayonnaise sur une tranche, du chutney sur une autre, du pesto sur la troisième.
3. Pose les morceaux de poulet sur le pain enduit de mayonnaise. Ajoute la salade. Recouvre de la deuxième tranche de pain.
4. Dispose le jambon et la tomate sur cette tranche. Recouvre avec le dernier toast.

VARIANTE
CLUB À LA PANCETTA ET À L'AVOCAT : Remplace le poulet par de l'avocat et le jambon par de la pancetta frite bien croustillante.

Pour 1 personne

- **3 tranches de pain**
- **3 tranches de bacon**
- **Un peu d'huile d'olive**
- **1 gros œuf**
- **1 tomate émincée**
- **Roquette**

VARIANTE
CLUB AU SAUMON : Étale du fromage frais sur une tranche et de la mayo au citron sur une autre. Dispose du saumon frais ou fumé sur le fromage. Ajoute du cresson ou de la roquette, puis du saumon, des câpres,de l'échalote, du poivre et quelques gouttes de vinaigre balsamique.

Club à l'œuf et au bacon

Pour un bon encas tardif vite fait bien fait en rentrant d'un concert. Pas très joli mais délicieux.

Préparation

1. Fais chauffer le gril à fond. Toaste le pain. Ôte la croûte avec un couteau aiguisé.
2. Mets le bacon sous le gril. Réduis un peu la température. Retourne-le pour qu'il grille des deux côtés (plus le bacon est gras, plus il met de temps à griller). Laisse-le reposer sur du papier absorbant.
3. Verse un peu d'huile d'olive dans une petite poêle. Quand elle est chaude, casse l'œuf dedans. Baisse un peu le feu. Avec une spatule, retourne-le afin qu'il cuise un peu de l'autre côté à moins que tu ne le préfères sur le plat.
4. Empile l'œuf, le bacon, la roquette et la tomate entre les trois tranches de toast. Où est le ketchup ?

Le Sam spécial

Le sandwich suprême. Toutes les saveurs que je préfère rassemblées. Parfois j'ajoute un ingrédient supplémentaire. Il faut toujours que j'expérimente.

Pour 1 personne

- **3 tranches de bon pain blanc**
- **Mayonnaise**
- **Quelques tranches de bonne mozzarella**
- **2 ou 3 tranches de jambon de Parme**
- **Tomate coupée en rondelles**
- **Vinaigre balsamique**
- **Roquette**

Préparation

1. Toaste le pain. Ôte la croûte avec un couteau aiguisé.
2. Tartine les deux tranches de mayonnaise.
3. Sur la première tranche, dispose le jambon, la mozzarella, les rondelles de tomate. Couvre avec l'autre tranche, le côté mayonnaise dessus.
4. Ajoute la roquette. Arrose de vinaigre balsamique.
5. Recouvre avec la dernière tranche.

Champignons,
roquette et vinaigre balsamique

Un excellent plat végétarien. Avec des rosés des prés ou des gros champignons type portobello, c'est super. Ça vaut une bonne viande, crois-moi !

Pour 1 personne

- **2 gros champignons**
- **2 gousses d'ail écrasées**
- **Sel, poivre noir**
- **Un peu d'huile d'olive ou de beurre ramolli**
- **Jus de citron**
- **Ciabatta, pain blanc ou pain complet**
- **Roquette ou autre salade**
- **Vinaigre balsamique**

Préparation

1. Préchauffe le four à 230 °C (thermostat 8).
2. Épluche les champignons ou essuie-les avec du papier absorbant. Ôte le pied. Pique les champignons avec une fourchette.
3. Parsème d'ail, sale, poivre et arrose d'huile. Ajoute pas mal de jus de citron et fais cuire au four sur une plaque pendant 10 minutes.
4. Au bout de 5 minutes, toaste la ciabatta dans le grille-pain.
5. Garnis ton pain de roquette. Ajoute les champignons et un filet de vinaigre balsamique.

Pour 1 personne

- **150 g de filet de bœuf ou de bifteck d'aloyau (tranché fin).**
- **1 gousse d'ail**
- **Un peu d'huile d'olive**
- **2 tranches de pain**
- **Gros sel, poivre noir**

POURQUOI PAS ?
Profite de ta pause pour te préparer un milk-shake, un smoothie ou un jus d'orange.

ASTUCE TEMPS
Laisse reposer la viande à température ambiante avant de la faire cuire.

Steak sandwich

Un sandwich de rêve qui se mange accompagné de ketchup ou de moutarde. Il gagne à tous les coups.

Préparation

1. Sors la viande du frigo 5 minutes avant de la cuire. Frotte-la d'ail et d'un peu d'huile d'olive. Fais chauffer ta poêle.
2. Jette la viande dans la poêle et fais-la griller 1 minute. Retourne-la avec une spatule. Fais cuire l'autre côté 1 minute si tu aimes la viande à point (tendre) ou 2 minutes si tu la préfères bien cuite. Ôte-la du feu.
3. Sale et poivre. Laisse reposer 2 à 3 minutes. Garnis le pain. Déguste tel quel ou avec tes accompagnements préférés.

Pour 1 personne

- **1 tranche de pain**
- **1 peu d'huile d'olive**
- **1 œuf**
- **2 tranches de mozzarella et du basilic**

Sandwich culotté à l'œuf et à la mozzarella

Plus chic que le sandwich classique à l'omelette, c'est un super repas en période de révision. Délicieux et bon pour les neurones. Couteau et fourchette hautement recommandés.

Préparation

1. Toaste le pain.
2. Fais chauffer de l'huile dans une petite poêle. Casse l'œuf sur le bord de la poêle.
3. Ouvre-le avec les pouces. Laisse-le glisser dans la poêle en prenant garde aux éclaboussures.
4. Quand le blanc commence à prendre, mets une tranche de mozzarella dessus au moyen d'une spatule.
5. Répète l'opération avec l'autre tranche. Dispose les feuilles de basilic sur le jaune et sur le fromage. Dès que l'œuf est cuit, dépose-le sur le toast. Délicieux.

Sandwich poisson kebab de luxe

Du poisson en brochettes. Parfait pour impressionner ta grand-mère ou ta copine. Déguste ton poisson avec du pain tartiné d'une bonne couche de mayonnaise ou de ketchup, ou tel quel. Vite fait et bon pour les neurones.

Préparation

1. Préchauffe le gril à température maximale.

2. Réserve le thon dans un saladier, le poisson blanc dans un autre.

3. Mélange l'huile, l'ail, les herbes, le jus de citron, le sel et le poivre. Répartis le mélange entre les deux poissons. Remue bien.

4. Laisse mariner 5 minutes.

5. Pique les morceaux de poisson blanc et de thon sur des brochettes en métal différentes. Fais-les cuire au gril 3 à 4 minutes de chaque côté (en fonction de la température et de la grosseur des morceaux). Défais les brochettes pour garnir le sandwich. Ou sers le poisson tel quel avec le pain à part, de la mayo ou de la sauce à la mangue.

Pour 1 personne

- **225 g de poisson blanc (haddock ou cabillaud) coupé en cubes**
- **225 g de steak de thon coupé en cubes**
- **Huile d'olive**
- **Jus de citron**
- **1 gousse d'ail hachée**
- **Du persil ou de la coriandre**
- **Sel, poivre noir**
- **4 tranches de pain**
- **Mayo ou sauce à la mangue**
- **Rondelles de citron et feuilles de laurier pour la déco (facultatif)**

POURQUOI PAS ?

Un kebab à la banane et au bacon. Coupe 1 ou 2 bananes en rondelles de 5 cm d'épaisseur puis 3 tranches fines de bacon en deux. Enroule le bacon autour des morceaux de banane. Pique-les sur des brochettes en métal et fais-les cuire au gril 4 minutes de chaque côté. Déguste tel quel ou entre 2 tranches de pain. Tu peux remplacer les bananes par des dattes fraîches.

10 minutes

Tête-à-tête avec un toast

Parfois, un toast tout bête ne suffit pas. Il faut une idée de génie pour l'accompagner. Opte pour la simplicité avec du fromage. Ou pour un toast plus sophistiqué d'inspiration française ou italienne. Façon pizza ou avec des épices. Bref, le toast, c'est universel.

Toast au fromage et à la moutarde

Pour 2 personnes

Ingrédients

- **25 g de beurre ramolli**
- **110 g de gruyère râpé**
- **1 cuillère à café de moutarde**
- **Un peu de sauce Worcestershire**
- **1 ou 2 cuillères à soupe de lait ou de bière**
- **Un peu de ciboule hachée (facultatif)**
- **2 tranches de pain**

Un excellent encas. Prépare double quantité de garniture et garde le reste pour plus tard (délicieux avec de la purée de pommes de terre ou sur de gros champignons cuits au four).

Préparation

1. Préchauffe le gril à température moyenne.
2. Mélange tous les ingrédients de la garniture dans un saladier.
3. Grille le pain d'un côté. Tartine le côté non grillé avec la garniture. Remets à cuire jusqu'à ce que le dessus soit gratiné. Délicieux avec de la salade et du chutney.

VARIANTE
TOAST AU FROMAGE ET AU CHUTNEY : À L'ÉTAPE 4, étale du chutney sur ton pain et ajoute le gruyère.

Fromage toasté sur ciabatta à l'ail

Pour 1 personne

- **1 ciabatta ouverte dans le sens de la longueur**
- **Beurre**
- **1 gousse d'ail**
- **Quelques gouttes de vin blanc ou de la tomate**
- **Au moins 50 g de gruyère en tranches fines**

Fais cuire le pain au four. Ainsi, il sera doré à l'extérieur et moelleux à l'intérieur. À préparer en quantité industrielle pour les soirées vidéo, les fêtes d'après match, etc. Original et délicieux.

Préparation

1. Préchauffe le four à 230 °C (thermostat 8).
2. Frotte le pain avec de l'ail. Tartine-le de beurre.
3. Fais-le cuire sur une plaque à four chaud pendant 5 minutes.
4. Arrose chaque tranche de quelques gouttes de vin ou presse une demi-tomate dessus. Parsème de gruyère. Remets au four 5 minutes. Somptueux.

Baguette pizza

Tu n'as pas le temps de préparer une pizza ? Pas de panique. Suis la recette, c'est délicieux. Les copains débarquent ? Fais-en une fournée vite fait pour les fondus de pizza.

Pour 1 personne

- **Un morceau de baguette coupé dans le sens de la longueur**
- **1 gousse d'ail**
- **Un peu d'huile d'olive**
- **2 cuillères à soupe de passata (coulis de tomates) aux herbes ou de sauce tomate maison (page 66)**
- **75 g de gruyère en tranches fines ou râpé**
- **1 pincée d'origan séché**

Préparation

1. Préchauffe le four à 230 °C (thermostat 8).

2. Frotte ton pain avec de l'ail. Arrose-le d'un filet d'huile d'olive.

3. Fais cuire sur une plaque à four chaud pendant 5 minutes.

4. Tartine le pain chaud de sauce tomate.

5. Parsème de gruyère. Remets à cuire 5 minutes. Ajoute l'origan séché.

VARIANTE

TOAST AUX ANCHOIS : À L'ÉTAPE 4, dispose filets d'anchois et fromage sur la tomate.

À déguster avec :
de la salade verte.

Pour 1 personne
- **2 œufs**
- **2 c. à soupe de crème liquide**
- **1 c. à soupe de sucre**
- **1 pincée de cannelle**
- **2 tranches de pain blanc**
- **Un peu de beurre**
- **2 tranches de bacon**
- **1 banane**
- **Quelques myrtilles**
- **Sirop d'érable**

POURQUOI PAS ?
Fais gratiner 1 ou 2 tranches de courge musquée sur une plaque légèrement huilée. Déguste avec du bacon croustillant et du sirop d'érable.

Pain perdu aux fruits
(et au bacon !)

Avec ce bon petit déjeuner, c'est ta fête tous les jours. On y trouve un peu de tout : la saveur sucrée et épicée du toast, le fondant des fruits rouges, le bon vieux goût du sirop d'érable, le croustillant du bacon. Tout le monde dort encore ? Tire-les du lit avec cette recette.

Préparation

1. Préchauffe le gril. Casse les œufs dans un grand saladier.
2. Ajoute le sucre, la cannelle, la crème et bats le tout à la une fourchette.
3. Trempe les tranches de pain dans ce mélange.
4. Fais fondre le beurre dans une grande poêle (prends garde à ne pas le brûler) et fais revenir le pain à l'œuf en le retournant de temps à autre jusqu'à ce qu'il soit doré et croustillant.
5. Mets le bacon sous le gril et fais-le cuire de chaque côté.
6. Dispose le pain perdu et le bacon sur une assiette. Réserve au chaud.
7. Fais revenir les fruits dans la poêle pendant 1 à 2 minutes jusqu'à ce qu'ils soient fondants. Dispose-les sur le toast. Arrose de sirop d'érable.

Toast
de la mer

Émiette du thon en boîte. Réveille-le avec des saveurs épicées. Un toast rapide à préparer et, bizarrement, très réconfortant.

Préparation

1. Préchauffe le gril ou le four à 230 °C (thermostat 8).
2. Égoutte le thon. Mélange-le dans un saladier avec le jus de citron, les herbes, le poivre et l'oignon.
3. Frotte le pain avec de l'ail. Arrose-le d'un filet d'huile d'olive. Dépose-le sur une plaque et fais cuire au four 5 minutes ou au gril 2 minutes.
4. Étale le mélange au thon sur le pain. Recouvre de fines tranches de gruyère. Remets au four 5 minutes ou 2 à 3 minutes au gril.

Pour 1 personne

- **1 morceau de baguette ou de ciabatta coupé dans le sens de la longueur**
- **Un peu d'huile d'olive**
- **1 gousse d'ail**
- **200 g de thon en boîte**
- **Jus de citron**
- **Poivre noir**
- **1 oignon rouge haché**
- **Coriandre fraîche**
- **50 g de gruyère**

Mozzarella
in carrozza

«La mozzarella en carrosse». Prends une bouchée de ce sandwich au fromage fondu avant de courir après le bus. Tu veux aller plus vite? Ajoute un peu d'épices.

Préparation

1. Tartine une tranche de pain avec du pesto et une autre avec de la confiture de piments.
2. Après l'avoir égouttée, coupe la mozzarella en tranches et dispose-les sur le pesto. Recouvre avec l'autre tranche de pain, le côté pimenté en dessous.
3. Bats un œuf dans un grand saladier. Ajoute du lait, un soupçon de sel et du poivre noir.
4. Dans une poêle, fais chauffer de l'huile avec un peu de beurre. Trempe le sandwich dans l'œuf jusqu'à ce qu'il soit bien imbibé. Fais-le revenir dans la poêle pendant 3 à 4 minutes de chaque côté jusqu'à ce qu'il soit bien doré. Tu n'aimes pas manger épicé? Remplace la confiture de piments par du concentré de tomate.

Pour 1 personne

- 2 gros œufs
- 1 tranche de pain
- Huile d'olive
- 4 asperges
- Une noix de beurre
- Sel, poivre noir
- Estragon, persil ou basilic (facultatif)
- Vinaigre balsamique

Toast aux œufs brouillés et aux asperges

Ou comment donner un coup de fouet à des œufs brouillés tout bêtes. Ce toast-là a la classe !

Préparation

1. Casse les œufs dans un saladier et bats-les à la fourchette. Assaisonne.
2. Le mieux est d'utiliser une petite poêle épaisse. Tu la badigeonnes avec un peu d'huile d'olive et tu fais griller légèrement les asperges pendant 5 minutes en les retournant (ou fais-les bouillir 3 à 4 minutes).
3. Toaste le pain.
4. Fais fondre une noix de beurre dans une casserole à feu doux. Verse les œufs. Remue énergiquement avec une cuillère en bois. Retire la casserole du feu lorsque les œufs sont encore un peu liquides. Sale, poivre et, si tu aimes les herbes, ajoute-les à ce moment-là.
5. Dépose les œufs puis les asperges sur le toast et arrose d'un soupçon de vinaigre balsamique.

Pour 1 personne

- Un peu d'huile végétale
- 1 petit oignon haché
- 1 gousse d'ail écrasée
- 1 pincée de curcuma
- 1 pincée de piment en poudre
- 1 pincée de cumin
- Un peu de sel
- 200 g de pois chiches en boîte égouttés
- Quelques brins de coriandre fraîche

Raïta

- Du concombre épluché et haché menu
- 3 c. à soupe de yaourt
- 1 gousse d'ail écrasée
- 1 ou 2 minipains naan et de la coriandre
- Quartiers de citron
- Chutney à la mangue

Pain naan, raïta et pois chiches

Envie de saveurs indiennes ? Pas la peine d'aller au restau… Le pain naan croustillant se marie à merveille avec les pois chiches et le raita.

Préparation

1. Fais chauffer un peu d'huile dans une poêle. Ajoute l'oignon, l'ail, le curcuma, le piment, le cumin et le sel. Fais revenir le tout à feu très doux pendant 2 à 3 minutes. Ajoute les pois chiches. Mélange bien et laisse cuire à feu très doux pendant 5 minutes.
2. En même temps, dans un saladier, mélange le yaourt avec l'ail écrasé et le concombre.
3. Huile une poêle et mets-la sur le feu. Ouvre le pain naan en deux. Fais griller un côté puis l'autre jusqu'à ce qu'il soit bien croustillant.
4. Ajoute la coriandre aux pois chiches et garnis le pain avec le mélange. Dans un coin de ton assiette, dépose une cuillère de raïta, les quartiers de citron et du chutney à la mangue.

10 minutes

Sauces et pâtés

J'en ai vu, des copines, craquer pour ces recettes ! Avec des bâtonnets de légumes pour les filles et des chips mexicaines pour les garçons. À étaler sur des pitas et des crackers. Bref, une idée populaire.

Houmous épicé

Léger. Relevé. Délicieux. Mes copains adorent, mes sœurs aussi. Qui en aura ? Peut-être pas les filles… D'accord, double quantité… Un houmous classique mais riche en saveurs. Note à l'intention des copains végétariens : c'est plein de protéines.

Préparation

1. Mixe l'ail, l'oignon, les pois chiches avec l'eau.
2. Ajoute le tahin, le miel, le jus de citron, les épices, la coriandre, l'huile d'olive, un peu de sel.
3. Mixe jusqu'à l'obtention d'une consistance lisse. Ajoute de l'eau, du jus de citron, de l'huile si nécessaire. Mets le tout dans un saladier.
4. Verse un filet d'huile d'olive dessus. Ajoute un peu de paprika pour la couleur. Mets le saladier au frais si tu peux. Se conserve au frigo une semaine. Délicieux avec des chips mexicaines, des toasts, de la pita passée au grille-pain ou des bâtonnets de légumes.

Pour 2 à 4 personnes

Ingrédients

- 3 gousses d'ail
- 25 g d'oignon rouge
- 400 g de pois chiches en boîte égouttés
- 2 c. à soupe d'eau
- 1 c. à soupe de tahin (purée de sésame)
- 1 c. à café de miel
- Jus de 1 à 2 citrons
- 1 c. à café de paprika doux
- 1 c. à café de coriandre en poudre
- 1 pincée de piment en poudre
- 1 c. à soupe de coriandre fraîche
- 1 c. à soupe d'huile d'olive
- 1 pincée de sel
- Un peu d'eau ou d'huile d'olive pour lisser la sauce

Pour 2 à 4 personnes
- 2 gros avocats mûrs épluchés et dénoyautés
- 2 piments verts hachés
- 50 g d'oignon rouge haché
- 2 tomates hachées
- Coriandre fraîche
- Jus de 2 citrons verts
- Sel, poivre noir
- 1 pincée de cumin (facultatif)

Pour les pitas à l'ail
- 6 petites pitas coupées dans le sens de la longueur
- 50 g de beurre doux
- 2 gousses d'ail écrasées
- Herbes hachées : persil ou coriandre (facultatif)

Pour 2 à 4 personnes

Rillettes
- 1 ou 2 tranches de truite fumée
- 200 g de fromage frais à tartiner
- 1 citron
- Quelques brins d'aneth frais (facultatif)
- Du sel et du poivre noir

Biscottes
- 4 tranches épaisses de pain de mie

VARIANTE
RILLETTES DE THON : Remplace la truite par du thon en boîte égoutté. Mixe. Tu peux ajouter du gingembre mariné.

Guacamole et pitas à l'ail

Fais le plein de saveurs avec cette recette pimentée. Tu préfères une consistance plus lisse ? Mixe le tout avec un peu de mayonnaise ou de fromage frais à tartiner. Ça va avec tout mais pourquoi ne pas l'accompagner de ces pitas croustillantes ?

Préparation

1. Préchauffe le four à 200 °C (thermostat 7).
2. Guacamole : écrase grossièrement les avocats dans un saladier. Ajoute les piments, l'oignon, les tomates et la coriandre. Remue légèrement. Ajoute le jus de citron à volonté, un peu de sel, du poivre et du cumin (si tu en utilises). Pitas : écrase le beurre avec l'ail et les fines herbes et tartine chaque demi-pita avec le mélange. Mets-les sur une plaque et enfourne 5 à 8 minutes. Déguste le guacamole avec les pitas bien chaudes. Les pitas ne sont pas incontournables. Des toasts ou des chips mexicaines feront aussi bien l'affaire.

Rillettes de truite fumée et biscottes

Conserve tous les ingrédients au frigo. Ainsi, tu pourras déguster ces rillettes dès qu'elles seront prêtes. (Fais les biscottes toi-même : faciles, croustillantes et fines !)

Préparation

1. Rillettes : mets la truite fumée, la moitié du fromage à tartiner, le jus d'un demi-citron, l'aneth, le sel dans le mixeur. Mixe quelques secondes. Goûte. Ajoute du fromage pour adoucir, du jus de citron pour plus d'acidité et une bonne dose de poivre noir. Mets au congélateur ou au frigo pendant 5 minutes. Se conserve au frigo pendant 3 jours.

2. Biscottes : préchauffe le gril. Toaste le pain dans le grille-pain. Ôte la croûte. Coupe les toasts dans le sens de l'épaisseur pour obtenir des tranches très fines. Fais-les dorer au gril du côté non toasté. Il faut qu'elles se recourbent mais pas qu'elles brûlent. Sors-les quand elles sont grillées et croustillantes.

Salades froides

Le titre parle de lui-même. Je vais donc me taire…

Salade de thon et de haricots

Depuis quelques jours, tu dors debout ? Personne n'a eu le temps d'aller faire les courses ? Tu as besoin d'un remontant ? Sors de ton placard une boîte de thon et une autre de haricots blancs. Réveille le tout avec quelques crudités et une bonne vinaigrette.

Préparation

1. Porte à ébullition une petite casserole d'eau. Fais cuire les haricots verts 3 à 4 minutes : ils doivent rester craquants. Passe-les sous l'eau froide.

2. Mets l'ail, le sucre, le sel, la moutarde et le vinaigre dans un bol. Ajoute l'huile et mélange le tout.

3. Dispose les haricots verts, les haricots en boîte, l'oignon, le céleri et les tomates cerises dans une grande assiette. Nappe de vinaigrette. Mélange.

4. Égoutte le thon et émiette-le sur la salade à l'aide d'une fourchette. Déguste avec des tonnes de pain pour saucer la vinaigrette.

Pour 2 personnes

Ingrédients

- 50 g de haricots verts
- 1 gousse d'ail hachée
- 1 pincée de sucre
- 1 pincée de sel
- 1/2 cuillère à café de moutarde
- 1 cuillère à soupe de vinaigre de vin
- 3 cuillères à soupe d'huile d'olive
- 410 g de gros haricots blancs en boîte égouttés
- 1 petit oignon rouge émincé
- 1 branche de céleri émincé
- Quelques tomates cerises coupées en deux
- Coriandre, persil, basilic
- 200 g de thon en boîte

POURQUOI PAS ?
Ajoute un œuf dur et une cuillerée de mayo.

10 minutes

VARIANTE
CÉSAR AU POULET : À L'ÉTAPE 5, ajoute des restes de poulet.
SALADE CÉSAR AU BACON : À L'ÉTAPE 5, fais frire 4 à 6 tranches de bacon jusqu'à ce qu'il soit croustillant. Laisse reposer sur du papier absorbant. Émiette au-dessus de ta salade.
SALADE CÉSAR MINUTE : À L'ÉTAPE 4, Sers la salade avec une bonne mayo relevée d'ail et de jus de citron.

Salade César

Un classique international. De la laitue craquante, des croûtons à l'ail, une sauce crémeuse et bien relevée. Les stars en mangent, moi aussi. Les tricheurs achètent la sauce. Les vrais chefs la font. Mélange la salade avec les doigts afin de bien imprégner les feuilles.

Pour 4 personnes

- **2 ou 3 tranches de pain blanc, de baguette ou de ciabatta**
- **Un peu d'huile d'olive**
- **1 gousse d'ail**
- **1 laitue romaine**

Assaisonnement

- **2 œufs**
- **2 gousses d'ail**
- **4 filets d'anchois**
- **2. à soupe de jus de citron**
- **1 c. à café de vinaigre de vin**
- **1 c. à café de moutarde**
- **1 c. à café de sauce Worcestershire**
- **125 ml d'huile de tournesol**
- **50 ml d'huile d'olive**
- **1 c. à soupe d'eau**
- **Copeaux de parmesan**

Préparation

1. Croûtons : préchauffe le four à 220 °C (thermostat 7). Huile légèrement une plaque de cuisson. Frotte le pain avec de l'ail et coupe-le en petits morceaux. Dispose-les sur la plaque et retourne-les afin qu'ils s'imprègnent d'huile. Enfourne 8 minutes ou plus selon ton goût.
2. Salade : après avoir séparé les feuilles, nettoie et égoutte soigneusement la laitue. Mets-la dans un grand saladier.
3. Œufs : fais bouillir une petite casserole d'eau. Plonges-y les œufs pendant 1 minute. Retire du feu.
4. Assaisonnement : écrase l'ail et les anchois dans un petit saladier avec un pilon ou une cuillère en bois. Sors les œufs de la casserole et récupère les jaunes dans un bol. Ajoute le jus de citron, le vinaigre de vin, la moutarde, la sauce Worcestershire. Bats le tout avec un fouet. Ajoute l'huile, goutte à goutte, en battant énergiquement pour faire épaissir la sauce. Enfin, ajoute un peu d'eau pour éviter qu'elle ne tourne.
5. Mise en place : nappe les feuilles de salade avec la sauce. Mélange avec les doigts. Ajoute les croûtons. Remue ou laisse tel quel Parsème de copeaux de parmesan grattés au couteau ou avec un économe.

Salade de poulet tonnato

Régale-toi avec cette salade très glamour d'inspiration italienne.
Utilise tes restes de poulet rôti. Relooke-les avec de la salade verte, de la mayonnaise et du thon.

Pour 1 ou 2 personnes

Assaisonnement

- 4 c. à soupe de mayonnaise maison ou du commerce
- 100 g de thon en boîte égoutté
- 2 filets d'anchois égouttés
- 1 gousse d'ail hachée
- Quelques câpres
- 1 c. à soupe de jus de citron

Salade de poulet

- Du poulet froid
- Feuilles de roquette
- Olives noires
- Tomates cerises
- Vinaigre balsamique (facultatif)

Préparation

1. Mixe les ingrédients de la sauce jusqu'à obtenir une consistance lisse. Goûte et rectifie l'assaisonnement.
2. Dispose le poulet émincé sur une assiette. Nappe de sauce. Ajoute la roquette, les olives et les tomates cerises tout autour. Ajoute un filet de vinaigre balsamique si tu veux.
3. Sers avec du bon pain croustillant. Conserve le reste de sauce au frigo.

Salade Waldorf au poulet et curry

Un délice. Du poulet froid associé à un classique, la salade Waldorf, et à une mayonnaise au curry. Les végétariens opteront pour des œufs durs. Voilà une bonne salade variée et pleine d'énergie à déguster toute l'année !

Pour 1 ou 2 personnes

Assaisonnement

- 4 c. à soupe de mayo
- 1 gousse d'ail écrasée
- Une bonne rasade de jus de citron
- 1 c. à café de chutney à la mangue
- 1/2 c. à café de pâte de curry
- 1/2 c. à café de ketchup

Salade Waldorf

- 1 pomme pelée et coupée en lamelles
- 2 branches de céleri finement hachées
- Des grains de raisin
- Des raisins secs
- 1 mangue fraîche ou 1 pêche (facultatif)
- Du poulet froid
- Roquette ou autre salade verte
- Tomates cerises

Préparation

1. Mélange tous les ingrédients de la sauce. Goûte et rectifie l'assaisonnement.
2. Incorpore la pomme, le céleri et les raisins (et éventuellement d'autres fruits).
3. Émince le poulet et ajoute au mélange. Ou découpe-le et sers avec la sauce aux fruits à part, ainsi que la roquette et les tomates cerises. Délicieux avec du pain complet ou à la mélasse et un peu de beurre.

Salades chaudes

Elles ne font pas toujours l'unanimité et, pourtant, il n'y rien de tel qu'une salade mêlant le chaud et le froid.

Pour 1 personne

Ingrédients

- **110 g de halloumi**
- **Un peu d'huile d'olive**
- **Une bonne rasade de jus de citron**
- **Poivre noir**
- **Quelques feuilles de coriandre, de menthe, d'origan hachées**
- **2 tomates mûres finement émincées**
- **1 petit oignon rouge finement émincé**
- **Roquette ou autre salade**
- **Olives noires dénoyautées (facultatif)**
- **Huile d'olive**

Servir avec de la pita, une ciabatta à l'ail passée au four ou une part de ma délicieuse salade de couscous (page 69).

POURQUOI PAS ?
Tente la salade de chèvre chaud. Toaste des morceaux de baguette. Tartine-les de fromage de chèvre. Passe au gril 5 minutes. Sers le tout avec ma vinaigrette relevée (page 122). Parsème de quelques cerneaux de noix.

Salade de halloumi grillé

Ce fromage chypriote ressemble à un bout de savon. Fais-le griller et déguste-le chaud sur un lit de salade.

Préparation

1. Coupe le halloumi en tranches de 5 mm. Dispose-les sur une assiette. Arrose d'un filet d'huile d'olive.
2. Mets les feuilles de salade, les tomates, l'oignon, la moitié des fines herbes et les olives dans un saladier. Arrose d'un filet d'huile d'olive. Mélange.
3. Préchauffe la poêle à gril. Mets à cuire les tranches de halloumi et retourne-les au bout de 1 à 2 minutes, quand elles sont bien dorées.
4. Arrose de jus de citron. Ajoute le poivre et le reste des fines herbes.
5. Dispose la salade sur une assiette et recouvre-la avec les tranches de fromage.

Pour 1 personne

- 1 ou 2 tranches de pain (bon avec de la ciabatta mais n'importe quel pain fera l'affaire)
- Un peu d'huile d'olive
- 1 gousse d'ail coupée

Assaisonnement

- 1 cuillère à café de moutarde
- 1 bonne pincée de sucre ou un peu de miel
- 1 pincée de gros sel
- Le jus de 1/2 citron
- 2 ou 3 cuillères à soupe d'huile d'olive

Salade

- De l'huile d'olive
- 1 tranche de boudin noir
- 2 tranches de bacon, de poitrine ou de pancetta
- 1 bonne poignée de salade verte nettoyée

Un p'tit dej qui tient au ventre

Charcuterie ou salade? Les deux! Cette recette est pleine de saveurs. D'accord, tout le monde n'aime pas le boudin. Moi, j'adore. Si on vous le demande, c'est de la salade que vous mangez.

Préparation

1. Préchauffe le four à 220 °C (thermostat 7). Huile légèrement la plaque de cuisson et frotte-la avec de l'ail. Coupe le pain en croûtons et enfourne-les 8 minutes.

2. Pour l'assaisonnement: dans un petit bol, mélange la moutarde avec le sucre ou le miel, le sel et le jus de citron. Ajoute l'huile et bats le mélange énergiquement.

3. Chauffe un peu d'huile dans une poêle. Fais revenir le boudin de chaque côté à feu doux (le boudin que l'on achète est précuit donc pas la peine de le laisser trop longtemps). Ou fais-le griller/réchauffer au four.

4. Jette le bacon dans la poêle et fais le revenir jusqu'à ce qu'il soit bien croustillant. Coupe le bacon et le boudin en morceaux.

5. Dispose la salade dans une assiette. Nappe-la de vinaigrette. Mélange bien. Ajoute le bacon, le boudin, les croûtons. Mélange.

VARIANTE

SALADE ŒUF POCHÉ ET BACON : fais chauffer 1 tranche de pain épaisse. À L'ÉTAPE 5, mets le pain sur une assiette. Recouvre de salade. Dans une casserole, fais bouillir de l'eau puis baisse le feu. Casse un œuf dans une tasse et fais-le pocher 3 minutes dans l'eau frémissante. Retire-le de l'eau avec une écumoire. Pose-le sur le lit de salade. Nappe de vinaigrette.

Omelettes éclair

Déguste-les à table, vautré sur le canapé du salon, ou en plein air. Rends-les modernes et légères. Utilise des huiles de cuisson variées. Montre-toi inventif côté garniture. Déguste-les froides ou chaudes. En sandwich ou sur une tartine. Bref, personnalise-les.

Pour 1 personne

Ingrédients

- **1 cuillère à soupe d'huile de sésame**
- **2 ou 3 ciboules émincées**
- **25 g de germes de soja**
- **1 gousse d'ail émincée**
- **2 ou 3 champignons de Paris émincés**
- **1 piment épépiné et émincé (facultatif)**
- **Un peu de gingembre frais râpé (facultatif)**
- **Coriandre fraîche**
- **1 pincée de sucre**
- **Jus de citron**
- **2 gros œufs**
- **Sel, poivre noir**
- **Sauce teriyaki au gingembre (page 53)**

VARIANTE

Autres garnitures excellentes :

- ✪ 3 fromages : cheddar, gruyère, parmesan
- ✪ Fromage de chèvre écrasé, un peu de chutney aux pommes et roquette
- ✪ Champignons
- ✪ Bacon frit bien croustillant ou pancetta et roquette
- ✪ Banane frite avec un peu de miel

Omelette chinoise

Fais revenir quelques bons ingrédients, enveloppe-les dans une fine couche d'œuf, et c'est gagné ! Une omelette révolutionnaire d'inspiration chinoise. J'utilise une grande poêle peu profonde pour la préparer.

Préparation

1. Fais chauffer un peu d'huile de sésame dans une poêle antiadhésive. Ajoute les ciboules, les germes de soja, l'ail, les champignons, le piment et le gingembre si tu en utilises. Fais revenir doucement pendant 2 à 3 minutes afin que les ingrédients fondent un peu sans perdre de leur croquant. Ajoute un peu de coriandre, le sucre et le jus de citron. Remue et sors tout de la poêle.

2. Bats les œufs dans un saladier avec le reste de la coriandre.

3. Verse le mélange dans la poêle en la penchant pour que ça s'étale mieux. Avec une cuillère en bois, repousse les bords déjà cuits afin que le mélange du milieu puisse couler et cuire à son tour. Ça ne devrait pas prendre plus de 45 secondes. Quand l'omelette est cuite (elle doit rester baveuse), ajoute les légumes sautés. Retourne l'omelette et mets-la dans une assiette. Arrose de sauce teriyaki avant de servir.

Omelette piquante au chorizo

Le chorizo et l'huile pimentée donnent un sacré punch à cette omelette. À déguster sur du pain croustillant. Envie d'un peu de légèreté? Remplace le pain par des feuilles de salade verte.

Pour 1 personne

- Baguette ou focaccia
- Un peu d'huile d'olive
- Un morceau de chorizo (10 cm environ) coupé en rondelles
- 2 gros œufs
- Roquette
- Huile pimentée
- Vinaigre balsamique

Préparation

1. Préchauffe le four à 200 °C (thermostat 7) pour faire chauffer le pain.
2. Chauffe un peu d'huile dans une poêle. Fais revenir le chorizo 1 à 2 minutes de chaque côté. Bats les œufs avec du sel et du poivre.
3. Augmente le feu sous la poêle et verses-y les œufs. Penche la poêle pour les étaler. Repousse les bords déjà cuits avec une cuillère en bois, afin que le mélange du milieu puisse couler et cuire à son tour.
4. Ajoute le chorizo à l'omelette tant qu'elle est encore baveuse, puis la roquette et quelques gouttes d'huile pimentée. Plie l'omelette en deux ou roule-la.
Dépose-la sur une tranche de focaccia ou de baguette bien chaude et croustillante ou sur un lit de salade. Arrose d'un peu d'huile pimentée et de vinaigre balsamique.

10 minutes

Omelette et salade en sandwich

Ajoute de la moutarde à ton omelette pour en relever le goût. Aussi bonne froide que chaude, tu peux donc la glisser dans ton sac à dos pour la manger plus tard…

Pour 1 personne

- 1 baguette
- Un peu d'huile d'olive
- 2 gros œufs
- 1 ou 2 cuillères à café de moutarde
- Sel, poivre noir
- Salade
- Ketchup bio
- Chutney à la mangue
- Pesto (facultatif)
- Vinaigre balsamique

Préparation

1. Préchauffe le four à 200 °C (thermostat 7) et fais chauffer la baguette.
2. Bats les œufs avec du sel et du poivre. Ajoute la moutarde et mélange légèrement.
3. Fais chauffer l'huile d'olive dans une poêle antiadhésive puis verse les œufs. Penche la poêle pour que tout s'étale. Repousse les bords déjà cuits avec une cuillère en bois, afin que le mélange du milieu puisse couler et cuire à son tour. Ôte l'omelette du feu pendant qu'elle est encore baveuse. Roule-la ou plie-la dans une assiette.
4. Coupe la baguette dans le sens de la longueur. Tartine un côté de ketchup, de chutney à la mangue ou de pesto. Ajoute les feuilles de salade et l'omelette. Arrose d'un peu de vinaigrette (page 122).

VARIANTE
Ajoute une tranche de jambon de Parme ou de jambon cuit et tartine la baguette de moutarde.

Pour 1 personne

- **Un peu d'huile d'olive**
- **2 gros œufs**
- **Basilic ou persil**
- **Sel, poivre noir**
- **1 tomate émincée**
- **Roquette**
- **5 olives**
- **Copeaux de parmesan**
- **Vinaigre balsamique**

POURQUOI PAS ?
Version sandwich : fais deux omelettes. Sur l'une, mets de la sauce tomate, de la mayo à l'ail ou de la harissa. Ajoute les ingrédients de ton choix et recouvre de l'autre omelette.

ASTUCE TEMPS

Pour le parfait œuf poché : fais d'abord bouillir de l'eau. Tapisse un bol de film plastique que tu graisses avec un peu d'huile de tournesol. Casse l'œuf dans le bol. Replie les bords du film plastique sur l'œuf. Plonge-le 3 minutes dans l'eau bouillante. Déguste-le sur un toast ou avec une tranche de jambon rôti froid (page 120).

Omelette style pizza

Pas de pâte à pizza à portée de main? Garnis une omelette, chaude ou froide, de roquette, de rondelles de tomate, de parmesan ou de l'ingrédient de ton choix. J'utilise une poêle de 15 cm de diamètre pour la préparer.

Préparation

1. Bats les œufs dans un saladier. Ajoute les herbes hachées si tu en utilises. Assaisonne.

2. Fais chauffer l'huile d'olive dans une poêle et verse les œufs battus. Repousse les bords déjà cuits avec une cuillère en bois, afin que le mélange du milieu coule et cuise à son tour. Quand l'omelette est encore baveuse, mets-la dans une assiette.

3. Laisse refroidir un peu. Garnis de rondelles de tomate, de roquette, de copeaux de parmesan. Arrose d'un filet d'huile d'olive vierge extra et de vinaigre balsamique.

Mouillettes d'omelette

Prépare une omelette très fine. Roule-la bien serré. Laisse-la refroidir. Trempe-la dans une sauce. Fais-en à la chaîne pour tes soirées. Prépare-les à l'avance et conserve-les au frigo.

Préparation

1. Prépare les omelettes une par une. Casse un œuf dans un bol et bats-le à la fourchette. Sale, poivre et ajoute éventuellement des herbes.

2. Fais chauffer de l'huile d'olive dans une poêle. Verse l'œuf. Penche la poêle pour l'étaler. Repousse les bords déjà cuits avec une cuillère en bois, afin que le mélange du milieu puisse couler et cuire à son tour. Retire l'omelette du feu tant qu'elle est encore baveuse. Laisse-la refroidir sur du papier absorbant. Roule-la et trempe-la dans la sauce.

Pour 8 portions

- Un peu d'huile d'olive
- 8 œufs
- Estragon, persil, coriandre ou basilic
- Sel, poivre noir

Sauces

- Sauce pimentée douce
- Ma vinaigrette relevée (page 122)
- Sauce teriyaki au citron vert

Omelette aux pommes de terre et aux courgettes

Une omelette bien épaisse pour ensoleiller ta journée. Coupe-la en tranches comme un cake. Partage-la avec un copain ou une copine. Tes parents rentrent tard? Ils te remercieront. Cette omelette peut aussi se manger froide en pique-nique.

Préparation

1. Fais chauffer de l'huile d'olive dans une poêle. Fais revenir les ciboules et l'ail sans les colorer.

2. Ajoute les dés de pomme de terre et de courgette et fais cuire quelques minutes en remuant.

3. Bats les œufs dans un saladier à l'aide d'une fourchette. Ajoute les herbes, le sel et le poivre, puis verse les œufs sur les légumes sautés et remue doucement avec une fourchette pour que l'omelette prenne bien. Laisse cuire à feu doux. Si tu veux que le dessus soit bien doré, passe l'omelette 1 minute au gril. Arrose d'un filet d'huile pimentée. Délicieux chaud, tiède ou froid.

Pour 4 personnes

- 2 cuillères à soupe d'huile d'olive
- 6 ciboules émincées
- 2 gousses d'ail émincées
- 2 pommes de terre cuites coupées en dés
- 1 petite courgette coupée en dés
- 6 œufs
- Sel, poivre noir
- 1 poignée d'herbes fraîches hachées : estragon, coriandre, persil. Origan séché
- De l'huile pimentée

VARIANTE

SANS POMMES DE TERRE : Utilise 3 courgettes bien charnues et ajoute du fromage râpé .
AUX ASPERGES : Ébouillante 225 g de petites asperges pendant 3 à 4 minutes. Égoutte. Coupe-les en 3 morceaux. Mélange-les aux pommes de terre.

Régime de fruits

Les fruits, c'est tellement bon que c'en est presque un péché. Manges-en, histoire d'être en forme pour le prochain examen, le prochain match, la prochaine fête.

Pour 1 personne

Ingrédients

N'importe quelle baie ou fruit mûrs de ton choix, par exemple :

- **Banane coupée en deux dans le sens de la longueur**
- **Pêche dénoyautée et coupée en lamelles**
- **Prune dénoyautée et coupée en lamelles**
- **Nectarine dénoyautée et coupée en lamelles**
- **Fraises**
- **Myrtilles**
- **Framboises**
- **Un peu de jus de pomme, de vin blanc ou de cidre**

Servir avec un biscuit craquant (page 89) ou une bonne glace à la vanille, à la noix de coco ou à la cannelle.

Fruits en papillote

Les fruits, cuits dans leur papillote, fondent sous la langue et caramélisent dans leur jus. Sers-les sans leur enveloppe de papier. Idéal pour épater les filles.

Préparation

1. Préchauffe le four à 220 °C (thermostat 7).
2. Découpe une grande feuille (au moins 35 cm de côté) de papier cuisson pour chaque papillote. Plie la feuille en deux pour faire un pli au milieu.
3. Prépare les fruits. Laisse les myrtilles, les fraises et les framboises entières.
4. Dispose les fruits sur un côté de la feuille. Arrose d'un peu de jus de pomme ou autre. Recouvre les fruits avec le papier. Replie les coins. Enfourne 8 à 10 minutes (les morceaux plus gros peuvent prendre 2 minutes de plus à cuire).

Salade multifruit

Combien de fruits utilise-t-on pour faire une salade? Peu importe. Varie les couleurs. Les fruits rouges et orange sont particulièrement riches en vitamines. La vitamine C aide à fixer le fer contenu dans les aliments, booste les cellules grises et le système immunitaire.

Préparation

1. Lave les baies. Équeute les fraises. Épluche le kiwi, la pomme, la poire, l'ananas, l'orange, la mandarine, la banane. Pèle et dénoyaute la mangue, la pêche, la nectarine. N'oublie pas de dénoyauter aussi les prunes et les cerises. Arrose la pomme, la poire, la banane d'un filet de jus de citron pour ne pas qu'elles noircissent.

2. Coupe les fruits en morceaux. Laisse les grains de raisin entiers ou coupe-les en deux. Mets le tout dans un saladier.

3. Un peu de jus dans ta salade? Presse une orange au-dessus du saladier ou ajoute un peu de jus de pomme. Tu as du temps devant toi? Ajoute un peu plus de jus de citron. Saupoudre de sucre. Laisse reposer et les fruits libéreront tout leur jus.

Quelques idées

- Raisin blanc et noir
- Kiwis
- Framboises
- Fraises
- Melon
- Mangue
- Ananas
- Orange
- Banane
- Mandarine
- Myrtilles
- Mûres
- Poire
- Quelques morceaux de pomme

ASTUCE TEMPS

Fais-en des tonnes. Gardes-en pour le petit déjeuner.

Toast à la banane

J'ai inventé cette recette un jour où il n'y avait pas grand-chose dans le frigo. Surprise, c'était délicieux. La banane devient fondante et sucrée. Le toast croustillant absorbe le sirop.

Pour 1 personne

- 1 tranche fine de bon pain blanc
- 25 g de beurre
- 1 grosse banane
- 2 cuillères à soupe de jus d'orange pressée
- 2 cuillères à soupe de jus de citron pressé
- Sirop d'érable

Á déguster avec de la glace à la vanille ou une bonne cuillerée de crème fraîche.

Préparation

1. Toaste le pain. Enlève la croûte.

2. Coupe les deux tiers de la banane dans le sens de la longueur et le reste en rondelles. Fais fondre le beurre dans une petite poêle. Fais revenir la banane à feu doux jusqu'à ce qu'elle soit dorée des deux côtés. Elle ne doit pas se défaire.

3. Ajoute le jus d'orange et le jus de citron. Porte à ébullition, mais prends garde à ce que le jus ne s'évapore pas. Pose la banane sur le toast. Verse le jus et arrose de sirop d'érable.

SAM

15 minutes : c'est la fête !

Tout le monde a droit à son quart d'heure de gloire, alors c'est ton tour avec ces recettes cinq étoiles **(plat principal, sauce, légumes, salade, assaisonnement).**

Tu vas devoir gérer ton temps comme il faut. Les **patates**, par exemple, sont plus longues à cuire que le **steak.** Ça va de soi, d'accord, alors prépare-les en premier.

Allez, c'est le moment de sortir le grand jeu. Du **bœuf** et de l'**agneau** fondants. De délicieuses sauces vite préparées comme la **salsa verde,** la **sauce teriyaki au gingembre,** la **sauce aigre-douce.** Des recettes de **poisson** comme s'il en pleuvait. Des **légumes** succulents. Des sautés. Des **nouilles chinoises.** Du **taboulé.** Prends aussi le temps de préparer de sublimes desserts aux **fruits.**

Viande grillée

La viande grillée est un moyen excellent et léger de faire le plein d'énergie. Insurpassable…

Pour 4 personnes

Ingrédients

- **4 x 150 g de filet, de bavette d'aloyau ou de rumsteck (1,5 cm d'épaisseur)**
- **1 gousse d'ail**
- **Huile d'olive**
- **Sel, poivre noir**

Servir avec des patates sautées, une salade de tomates ou d'oignons, de la laitue, des légumes verts sautés, une purée onctueuse (page 84), un gâteau de nouilles (page 65).

VARIANTE
À L'ITALIENNE : arrose les steaks d'un jus de citron avant de les servir. AVEC DU THYM : saupoudre la viande de thym avant de servir. AVEC UNE MAYO RELEVÉE : prépare une mayonnaise et ajoutes-y l'un des ingrédients suivants : ail écrasé, jus de citron, wasabi, raifort, moutarde ou harissa. Déguste aussi tes steacks avec de la crème fraîche et de la ciboulette.

Le bon steak tout simple

Un mets de choix. Un steak, ça peut être délicieux. C'est simple, rapide, gorgé de saveur. Traite la viande avec soin. Achète de la qualité. Du filet (une viande maigre et coûteuse, demande à ce qu'elle soit tranchée fin), de l'aloyau (bon goût marqué), du rumsteck (beaucoup de goût, consistance particulière). Soigne la cuisson. Faire cuire un steak, c'est rapide, tu peux donc préparer le reste du repas avant de mettre la viande à griller.

Préparation

1. Frotte la viande avec de l'ail et quelques gouttes d'huile d'olive. Poivre.
2. Fais chauffer la poêle à gril à température maximale et saisis la viande pendant 1 minute.
3. Retourne les steaks et saisis-les de l'autre côté pendant 1 minute. Recommence jusqu'à ce qu'ils soient cuits à ton goût. Moi, j'aime la viande à point (encore rosée à l'intérieur). N'hésite pas à vérifier la cuisson avec la pointe d'un couteau.
4. Ajoute une pincée de sel. Laisse reposer la viande au chaud pendant 2 minutes afin qu'elle soit bien tendre quand tu la dégusteras.

Sauce teriyaki au gingembre

Sublime. Une excellente sauce pour servir avec du bœuf (tu peux aussi l'associer à du saumon, du thon, ou encore y faire mariner du tofu). Ma spécialité. À déguster avec un gâteau de nouilles (page 65), par exemple.

Pour 2 à 4 steaks
- 2 c. à café de sucre
- 5 c. à soupe de sauce soja
- 3 c. à soupe de vinaigre de riz
- Une petite racine de gingembre frais
- Feuilles de coriandre hachées

Préparation
1. Mélange la sauce soja, le sucre et le vinaigre de riz. Remue bien. Ajoute le gingembre et la coriandre.
2. Arrose de sauce ton steak simplement grillé.

Steak à l'ail, au citron et au persil

Tes doigts vont sentir l'ail ! Frotte bien la viande avec tous ces ingrédients. C'est très bon aussi avec de l'agneau ou du thon.

Pour 2 steaks
- 1 gousse d'ail émincée
- Quelques feuilles de romarin hachées
- Gros sel, poivre noir
- Jus de 1/2 citron
- 1 c. à soupe d'huile d'olive

Préparation
1. Écrase l'ail, les herbes, le sel et le poivre dans un mortier (ou mélange-les dans un bol).
2. Ajoute le jus de citron et l'huile. Mélange jusqu'à obtenir une pâte. Frottes-en la viande. Laisse-la reposer 10 minutes avant de la faire cuire.

Steak à la moutarde épicée

La version épicée ! Déguste ta viande avec un mélange de crème fraîche et de moutarde à l'ancienne.

Pour 2 steaks
- 1 gousse d'ail émincée
- 2 c. à café de sauce Worcestershire
- Jus de 1/2 citron
- 1 c. à café de moutarde
- 1 c. à café de paprika
- Gros sel, poivre noir
- Piments secs écrasés
- 1 c. à soupe d'huile d'olive

Préparation
Mélange tous les ingrédients dans un bol. Frotte la viande avec ce mélange. Laisse-la reposer 10 minutes avant de la faire cuire.

Steak au poivre

Un plat renversant ! S'accompagne de pak choi (chou chinois) ou de patates sautées (page 61). Pas de bœuf sous la main ? Prends des côtelettes de porc.

Pour 2 steaks
- 1 c. à café de poivre noir en grains (écrasés ou entiers)
- 1 c. à soupe d'huile d'olive
- 1 gousse d'ail émincée
- Un peu de gingembre frais râpé (facultatif)
- Gros sel

Sauce
- 2 c. à soupe de vin rouge ou de jus de raisin
- 1 ou 2 c. à soupe de crème fraîche

Préparation
1. Écrase les grains de poivre dans un mortier, sans les réduire en poudre.
2. Verse un peu d'huile dans une assiette. Ajoute l'ail et le gingembre. Roule le steak dans l'huile. Ajoute le poivre. Laisse reposer 10 minutes, le temps de préparer des légumes ou une salade.
3. Cuis le steak dans une poêle en suivant la recette de base. Sale. Ôte la viande du feu et réserve-la. Dans la poêle, fais bouillir le vin ou le jus de fruit. Laisse réduire et ajoute la crème. Porte à ébullition et verse la sauce sur la viande.

Pour 2 personnes

- **2 tranches de filet ou 3 x 2 côtelettes**
- **1 cuillère à soupe d'huile d'olive**
- **Menthe, thym, basilic, sauge ou romarin**
- **2 gousses d'ail hachées**
- **Gros sel, poivre noir**

Sauce

- **3 cuillère à soupe de gelée de groseille**
- **3 cuillère à soupe de jus d'orange**
- **1 cuillère à soupe de jus de citron**
- **1 c. à café de vinaigre**
- **Gingembre frais râpé**
- **Zestes d'orange**

POURQUOI PAS ?
Une sauce à la menthe : Mixe 2 cuillères à soupe de menthe fraîche, 150 ml de yaourt nature, 1 gousse d'ail, du sel. Sers avec l'agneau.

VARIANTE
AGNEAU AUX HERBES : À L'ÉTAPE 2, mélange 2 gousses d'ail hachées, 1 cuillère à soupe de persil, 2 cuillères à soupe de menthe, un zeste de citron, du sel et du poivre. Arrose l'agneau cuit avec cette sauce.
AGNEAU AU PESTO : À L'ÉTAPE 4, une minute avant la fin de la cuisson, nappe la viande de pesto (page 124). Délicieux.

Agneau à la sauce aigre-douce

Le fer contenu dans l'agneau favorise la concentration. À cuire au gril ou sur une poêle à gril, l'agneau est une viande grasse qui supporte une température élevée et se marie bien avec des saveurs fortes comme avec cette sauce rapide à préparer. Tu peux aussi la tester avec du canard rôti, du jambon cuit au four, des côtelettes de porc et des saucisses.

Préparation

1. Mélange l'huile, les herbes, l'ail, le sel, le poivre. Frotte l'agneau avec ce mélange. Réserve.
2. Mets les ingrédients de la sauce dans une casserole. Remue doucement jusqu'à ce que le mélange épaississe. Goûte. Ajoute éventuellement de la gelée pour adoucir le goût, ou du vinaigre pour accentuer l'acidité.
3. Préchauffe le gril au maximum ou fais chauffer la poêle à gril.
4. Au gril ? Dispose la viande à 8 cm de la source de chaleur. Laisse cuire 3 minutes pour les morceaux les moins épais. Retourne-les. Arrose-les de jus de viande. Remets à cuire 3 minutes. L'agneau se mange rosé. Les morceaux plus épais mettent plus de temps à cuire.
À la poêle à gril ? Comme pour un steak, saisis l'agneau de chaque côté.
5. Laisse reposer la viande. Nappe de sauce bien chaude. Délicieux avec des pommes de terre, des légumes grillés, des petits pois, des haricots secs

Salsa verde

Une sauce verte comme du gazon. Une merveille avec de l'agneau, du bœuf, du poulet, voire des légumes grillés ou des pâtes. Tu peux aussi en accompaner ton soufflé au fromage ou en napper un steak de thon grillé. Un classique délicieux.

Pour 4 grillades

- **3 gousses d'ail**
- **1 botte de persil**
- **1 bouquet de basilic**
- **1 cuillère à soupe et demie de câpres rincées**
- **1 cuillère à soupe de moutarde**
- **1 cuillère à soupe de vinaigre de vin blanc**
- **6 à 8 cuillères à soupe d'huile d'olive vierge extra**

Préparation

1. Mixe l'ail, le persil, le basilic, les câpres, la moutarde et le vinaigre.
2. Ajoute l'huile peu à peu dans le mixeur jusqu'à obtenir un mélange de la consistance d'une mayonnaise.
3. Cuis l'agneau selon la recette de base. Arrose la viande de sauce ou sers-la à part. Se conserve au frigo. Remuer avant de servir. C'est extraordinaire !

Agneau à l'orientale

Ma façon de préparer les grillades d'agneau. Sers-les avec de la semoule de couscous, du taboulé, une salade de tomates et d'oignons. Tu manges à l'extérieur? Garnis une pita avec ta viande.

Pour 4 steaks

- **200 ml de yaourt nature**
- **2 gousses d'ail écrasées**
- **1 cuillère à café de cannelle en poudre**
- **1 cuillère à soupe de cumin en poudre**
- **1 cuillère à soupe de coriandre en poudre**
- **Sel, poivre noir**
- **Coriandre fraîche**

Préparation

1. Mets la moitié du yaourt, les épices, l'ail, le sel et le poivre dans une assiette creuse. Roule l'agneau dans le mélange.
2. Préchauffe le gril ou la poêle à gril.
3. Fais cuire l'agneau selon la recette de base. Si la viande brunit, pas de panique. Elle risque de mettre du temps à cuire à cause de la sauce. Vérifie la cuisson avec la pointe d'un couteau. Coupe la viande en tranches. Sers-la avec le reste de yaourt additionné de coriandre fraîche.

Poisson grillé express

Le poisson, c'est excellent pour la santé. C'est bon pour les neurones et pour la ligne. Cuisiné frais, c'est un délice. Pour une cuisson à la poêle à gril ou à la poêle, utilise des steaks de thon et des darnes ou des filets de saumon.

Pour 2 personnes

Ingrédients

- **2 steaks de thon ou 2 filets de saumon de 150 g à 175 g**
- **Un peu d'huile d'olive**
- **Gros sel, poivre noir**
- **Citron jaune ou vert**

Servir avec un gâteau de nouilles (page 65) et des légumes sautés ou de la salsa verde, des patates nouvelles, du cresson ou des tranches de concombre avec une pincée de sucre.

VARIANTE

AU SÉSAME : fais mariner ton poisson dans du jus de citron avec une gousse d'ail écrasée et un peu d'huile de sésame. Fais-le cuire et ajoute un peu de sauce soja à la dernière minute.

SAUMON EN SAUCE : avant la cuisson, coupe des tomates. Prépare ma vinaigrette relevée, ajoutes-y les dés de tomate, des olives noires hachées et des herbes fraîches. Nappe le saumon de sauce et accompagne le tout de citron et de crème fraîche.

Thon ou saumon :

recette toute simple

Le saumon est un poisson friable, à la chair rosée, assez glamour (comme certaines filles que je connais). Le thon, lui, est du genre plus macho : d'une couleur rouge sombre qui évoque celle de la viande. On ne peut pas faire plus simple ni plus rapide à cuisiner. Prépare les légumes et la salade avant de le cuire. Ne mets pas trop d'huile. Ces poissons sont déjà riches en matière grasse.

Préparation

1. Chauffe le gril, la poêle ou la poêle à gril à température maximale. Huile légèrement le poisson. Sale et poivre.

2. Fais-le cuire d'un côté, puis de l'autre, à ton goût.

3. Le thon : doit être bien grillé sur le dessus et rosé à l'intérieur. Trop cuit, il devient sec. Vérifie la cuisson avec la pointe d'un couteau. Le temps de cuisson est d'environ 2 minutes de chaque côté, voire moins.
Le saumon : doit être bien grillé à l'extérieur, et à peine cuit à l'intérieur (il doit se défaire facilement). Vérifie la cuisson.
Le poisson continue à cuire avec la chaleur résiduelle, donc ne le laisse pas trop longtemps.

4. Dispose sur l'assiette.

Thon sauce citron et gingembre

Accompagne le thon d'une sauce bien relevée. Une débauche de saveurs originales qui s'harmonisent parfaitement avec ce poisson. Très bonne aussi avec un bifteck.

Préparation

1. Mets tous les ingrédients dans un bocal. Secoue bien. Sers immédiatement ou conserve au frais pendant une semaine.
2. Fais cuire le thon selon la recette de base. Arrose de sauce.

Pour 2 steaks de thon

- **2 c. à café de sucre**
- **2 cuillères à soupe de nuoc-mâm**
- **1 cuillère à soupe de sauce d'huîtres**
- **1 cuillère à soupe de vinaigre de riz**
- **Jus de 3 citrons verts**
- **Du gingembre frais râpé**
- **Feuilles de coriandre**

À déguster avec des légumes sautés ou un gâteau de nouilles (page 65).

Saumon aux épices cajun

Une délicieuse façon de relever le saumon. Moi, j'adore.

Préparation

1. Écrase les ingrédients dans un mortier jusqu'à obtenir une pâte.
2. Badigeonne le saumon avec cette pâte. Fais-le cuire à la poêle ou sur une poêle à gril.
3. Sers-le avec des quartiers de citron et de la mayo mélangée avec de la crème liquide et des zestes de citron vert.

Pour 4 filets de saumon

- **1 c. à soupe de paprika**
- **1 cuillère à café de piment en poudre**
- **1/2 c. à café de cumin**
- **1/2 cuillère à café de mélange d'épices**
- **2 c. à soupe d'origan séché**
- **1 c. à soupe de thym séché**
- **Grains de poivre écrasés**
- **1 pincée de gros sel**
- **Un peu d'huile d'olive**
- **Un filet de miel liquide**

Poisson grillé à tremper

Délicieux avec une sauce teriyaki au gingembre (page 53) et une sauce au piment doux. Coupé en morceaux, le poisson a une saveur différente.

Préparation

1. Coupe le poisson en gros cubes.
2. Mélange les ingrédients et enduis-en les morceaux.
3. Fais-les cuire sur une poêle très chaude en les retournant de temps à autre. Le thon doit rester rosé à l'intérieur. Le saumon doit être saisi.
4. Trempe-le dans une sauce ou sers-le avec une salade, des croûtons, des tomates cerises, de la ciboule ou du concombre.

Pour 2 personnes

- **2 steaks de thon ou filets de saumon**
- **Huile d'olive**
- **Jus de 1 citron**
- **Sel, poivre**
- **Aneth, persil, coriandre finement hachés**

ASTUCE TEMPS

Garde un peu de saumon pour préparer une salade le lendemain ou un sandwich original.

Encore du poisson !

Une envie de poisson blanc ? Déniche un bon poissonnier et offre-toi un beau filet. Fais-le griller. Tu achètes un poisson entier ? Sens-le. Vérifie les yeux, ils doivent être brillants, et les ouïes bien rosées.

Pour 2 personnes

Ingrédients

- **2 petites truites**
- **2 gousses d'ail émincées**
- **1 citron non traité**
- **2 branches de romarin ou 4 brins d'aneth**
- **Vin blanc, jus de raisin blanc ou jus de pomme**
- **Gros sel, poivre noir**
- **Un peu d'huile d'olive**
- **Olives noires et gousses d'ail émincées pour la déco (facultatif)**

VARIANTE

TRUITE À LA CHINOISE : À L'ÉTAPE 3, nappe l'intérieur du poisson de sauce soja. Garnis-le de ciboule hachée, d'ail, de germes de soja, de coriandre. Ajoute de l'ail émincé et du gingembre râpé au vin ou au jus de fruit. Fais cuire selon la recette indiquée.

À déguster avec :
des patates sautées et des haricots verts.

Truite minute au four

Choisis une belle truite en rentrant de l'école. Demande à ton poissonnier de l'écailler et de la vider. Il peut éventuellement ôter l'arête centrale si tu veux, mais moi je la garde. Les arêtes donnent du goût. Fais gaffe à ne pas en avaler.

Préparation

1. Préchauffe le four à 200 °C (thermostat 7).
2. Lave le poisson à l'eau froide. Nettoie bien l'intérieur. Égoutte-le dans une passoire.
3. Dispose les truites côte à côte dans un plat huilé allant au four. Garnis l'intérieur des poissons avec l'ail, les herbes, deux rondelles fines de citron. Sale, poivre et arrose d'un peu de jus de citron.
4. Verse une rasade de vin ou du jus de fruit dans le plat (doit recouvrir les poissons à moitié). Ajoute des olives et de l'ail. Couvre avec du papier alu. Enfourne 10 minutes. Retire le papier alu et remets au four 5 minutes.
5. Vérifie la cuisson avec la pointe d'un couteau. Le poisson doit cuire uniformément sans se dessécher.
6. Déguste en faisant attention aux arêtes.

Poisson frit comme dans le Yorkshire

Un plat légendaire et facile à préparer. De délicieux filets de poisson blanc enrobés de chapelure aillée.

Préparation

1. Ôte les arêtes de ton poisson.
2. Farine-le légèrement.
3. Pour la chapelure, passe le pain, l'ail et les herbes au mixeur. Ajoute les zestes de citron si tu en as. Sale et poivre.
4. Casse l'œuf dans un petit bol et bats-le avec la moutarde.

5. Trempe le filet de poisson fariné dans l'œuf battu puis dans la chapelure jusqu'à ce qu'il soit bien enrobé des deux côtés.
6. Fais chauffer de l'huile dans une poêle. Saisis les filets de poisson puis baisse le feu et laisse cuire 2 à 3 minutes de chaque côté : ils doivent être croustillants à l'extérieur et bien blancs au milieu. Égoutte-les sur du papier absorbant avant de servir.

Pour 2 personnes

- **2 filets de poisson blanc (type cabillaud ou haddock) bien fermes sans la peau (2 x 175 g)**
- **Farine pour la chapelure**
- **2 tranches de pain blanc sans la croûte**
- **2 gousses d'ail épluchées**
- **Quelques brins de persil, de coriandre ou d'aneth**
- **Zestes de citron (facultatif)**
- **Sel, poivre noir**
- **1 œuf**
- **1 c. à café de moutarde**
- **1 c. à soupe d'huile de tournesol**
- **Un peu d'huile d'olive**

À déguster avec une purée de petits pois (ajoutes-y un peu de menthe fraîche hachée et un filet de jus de citron pour faire classe).

ASTUCE TEMPS
Le poisson cuira plus vite si tu le coupes en bâtonnets.

Tu meurs de faim ?
Accompagne ton poisson de patates sautées (page 61).

Légumes express

C'est un fait : les légumes, c'est délicieux et il n'existe rien de plus sain. Alors booste ton système immunitaire. Soigne tes cheveux et ta peau. Fais le plein de tonus. Bien préparés, ils se mangent avec plaisir. Sers-les en accompagnement de tes plats préférés ou double les portions et fais-en les stars du repas. Moi, j'adore !

Ingrédients

- **Courgettes**
- **Poivrons rouges ou jaunes**
- **Asperges**
- **Oignons rouges**
- **Aubergines**
- **Courge musquée**
- **Patates douces**
- **Huile d'olive**
- **Gros sel, poivre noir**
- **Un filet de jus de citron jaune ou vert**
- **Piment (facultatif)**
- **Coriandre fraîche ou persil**

À déguster avec des copeaux de parmesan, du fromage de chèvre ou de la feta émiettés, de la mayonnaise relevée d'ail ou de harissa (page 123), de l'houmous (page 37), de la salsa verde (page 55), du guacamole (page 38)… Hé ! ça marche avec tout…

Légumes grillés

Le meilleur plat de légumes au monde ? Oui, ça se pourrait.

Préparation

1. Prépare les légumes. Courgettes : coupe-les en fines lanières dans le sens de la longueur ou en tronçons. Poivrons : coupe-les en deux ou en quartiers. Épépine-les et ôte le pédoncule. Asperges : coupe le bout de la queue parce qu'il est filandreux. Oignons rouges : épluche-les et coupe-les en rondelles. Aubergines : coupe-les en rondelles. Courge musquée et patates douces : épluche-les. Coupe-les en rondelles de 1,5 cm d'épaisseur.

2. Préchauffe ta poêle à gril préalablement huilée. Saisis les légumes et retourne-les afin qu'ils grillent des deux côtés. Certains cuiront plus vite que d'autres. Retire-les de la plaque au fur et à mesure qu'ils sont cuits.

3. Dispose-les sur une assiette. Assaisonne-les avec les ingrédients de ton choix : un filet d'huile d'olive, du jus de citron, du gros sel, un piment haché, des herbes fraîches. Mange chaud ou tiède.

Haricots verts
à la tomate et à l'ail

Mon frère Tom joue au foot le samedi, puis il va faire les courses de la semaine et cuisine un dîner pour ses copains de fac ou sa copine. Voici sa recette de haricots verts. Conseil : si tu utilises des haricots verts fraîchement ramassés, laisse tomber l'ail et la tomate. Contente-toi de les ébouillanter quelques minutes.

Pour 2 ou 3 personnes

- 200 g de haricots verts fins équeutés
- 2 gousses d'ail émincées
- 1 tomate coupée en dés
- Un peu d'huile d'olive
- Gros sel, poivre noir

VARIANTE
Salade niçoise rapide : pourquoi ne pas ajouter une demi-boîte de thon égoutté, quelques olives noires, un œuf dur coupé en deux ?

Préparation

1. Plonge les haricots verts dans une casserole d'eau bouillante salée. Fais-les cuire jusqu'à ce qu'ils soient juste tendres. Égoutte-les avec soin.

2. Fais chauffer un peu d'huile dans une poêle. Ajoute l'ail. Après quelques secondes, ajoute la tomate et enfin les haricots verts. Remue et sers quand c'est chaud.

Patates sautées express

Qu'est-ce qui est croustillant à l'extérieur, chaud et fondant à l'intérieur, et on a du mal à se passer ? Fais-les cuire dans de la graisse de canard (toutes les excuses sont bonnes pour cuisiner du magret (page 111). Un bon moyen d'accomoder un reste de pommes de terre à l'eau.

Pour 2 personnes

- 450 g de pommes de terre cuites coupées en dés
- 1 ou 2 cuillères à soupe d'huile d'olive ou de graisse de canard
- Gros sel, poivre noir
- Persil, coriandre ou aneth hachés
- Jus de citron

Préparation

1. Fais chauffer la graisse de canard ou l'huile d'olive dans une grande poêle.

2. Ajoute les pommes de terre en dés. Laisse-les dorer en les retournant de temps à autre. Si des morceaux se détachent, ce n'est pas grave.

3. Lorsqu'elles sont bien dorées, ajoute les herbes et un filet de jus de citron. Sale, poivre. C'est prêt !

Pour 2 personnes

- **350 g de pommes de terre nouvelles**
- **Un peu de sel**

POURQUOI PAS ?
Écrase tes pommes de terre à la fourchette et ajoute un filet d'huile d'olive. Un délice.

Pommes de terre nouvelles

Elles se mangent comme un rien. Ajoutes-y des ingrédients savoureux ou coupe-les en rondelles et fais les gratiner avec du fromage râpé, des oignons, de la crème fraîche, des herbes et de la moutarde. Essaie d'autres variétés plus farineuses à cuire sans la peau (Bintje).

Préparation

1. Fais bouillir de l'eau dans une casserole avec du sel. Plonges-y les pommes de terre préalablement lavées.
2. Fais cuire 10 à 15 minutes. Égoutte-les. Déguste-les avec du beurre, des fines herbes, du sel et un filet de jus de citron.

Pour 2 personnes

- **350 g de pommes de terre**
- **Huile d'olive vierge**
- **2 échalotes émincées**
- **Jus de citron**
- **Gros sel, poivre noir**
- **Aneth, coriandre ou persil hachés**
- **1 chorizo coupé en rondelles**
- **Pickles (fenouil ou concombre marinés)**

VARIANTE
Remplace le chorizo par des lanières de saumon fumé.

Salade piquante
de pommes de terre au chorizo

J'ai improvisé ce plat un jour où il n'y avait pas grand-chose dans le frigo. Et c'est devenu un classique. Très bon avec des pommes de terre nouvelles. Mais tu peux aussi utiliser des variétés plus «vieilles». Grâce à leur consistance plus farineuse, elles absorbent davantage les goûts.

Préparation

1. Fais bouillir tes patates nouvelles ou autres (mais sans la peau dans ce cas, et coupées en rondelles pour qu'elles cuisent plus vite) pendant 10 à 15 minutes. Égoutte-les.
2. Mets-les dans un saladier. Ajoute les échalotes et les fines herbes, le jus de citron et un filet d'huile d'olive. Sale et poivre. Mélange délicatement.
3. Pendant que les pommes de terre cuisent, fais revenir le chorizo à feux doux dans un peu d'huile pendant 2 minutes de chaque côté.
4. Ajoute le chorizo et les pickles. Se mange chaud ou froid.

Pour 2 personnes

- **3 tomates**
- **1 gousse d'ail écrasée**
- **1 pincée de sucre**
- **Huile d'olive**
- **Sel**
- **Feuilles de basilic**

POURQUOI PAS ?
Nappe de pesto (page 124), de tapenade (page 123) ou parsème de parmesan râpé.

Tomates au four

Si tu es pressé, fais revenir les tomates quelques secondes à la poêle. Tu as le temps? Alors prépares le plat principal, le four s'occupe du reste.

Préparation

1. Préchauffe le four à 230 °C (thermostat 8). Coupe les tomates en deux. Parsème chaque moitié d'ail écrasé, d'une pincée de sel, de sucre, ajoute un filet d'huile d'olive et éventuellement quelques feuilles de basilic.
2. Fais cuire 10 à 15 minutes. Tu peux ajouter un filet de jus de citron si tu le souhaites.

Légumes verts sautés

Les légumes verts ont mauvaise réputation. Ce n'est pas leur faute. Goûte cette recette d'inspiration chinoise. Fais revenir tes légumes dans un wok et ajoutes-y des saveurs asiatiques.

Préparation

1. Lave les légumes (ôte la terre à la base des feuilles de pak choy et de choy sum). Essuie-les pour éviter qu'ils ne perdent trop d'eau quand tu les feras revenir.
2. Fais chauffer l'huile dans un wok ou une poêle à feu moyen.
3. Ajoute l'ail. Ne le laisse pas brûler. Fais-le fondre quelques instants en le remuant avec une cuillère en bois.
4. Ajoute les légumes en commençant par les plus gros. Fais-les revenir rapidement et ajoute un peu de sauce soja.

Pour 2 personnes

Choisis un ou plusieurs de ces légumes : courgettes coupées en rondelles, haricots mange-tout, feuilles de pak choi émincées, feuilles de choy sum (chou chinois fleuri) émincées, épinards

- **Huile d'arachide plus un peu d'huile de sésame**
- **4 gousses d'ail émincées**
- **Sauce soja**

VARIANTE
SUCRÉE : ajoute de la sauce soja, du jus de citron, une pincée de sucre.
PIMENTÉE : ajoute du piment rouge et du gingembre finement hachés.
AUX OIGNONS : ajoute de la ciboule hachée.

15 minutes

Nouilles express

Les nouilles, c'est un peu comme les pâtes : ça va avec tout et c'est délicieux. Aussi bonnes en soupe que sautées à la poêle. Inspire-toi des saveurs asiatiques.

Pour 4 personnes

Ingrédients

- **600 ml de bouillon de volaille ou de légumes (page 122)**
- **6 gousses d'ail coupées en deux**
- **1 racine de gingembre épluchée et hachée**
- **1 cuillère à soupe de sauce soja**
- **110 g de nouilles aux œufs ou de nouilles soba**
- **225 g de pak choi**
- **125 g de tofu coupé en dés et/ou quelques lanières de poulet froid**
- **2 ciboules hachées**
- **Herbes fraîches : basilic ou coriandre**

VARIANTE

SOUPE DE NOUILLES au canard /au bœuf/ au porc : ajoute des lanières de canard rôti, de bifteck ou de porc. Pour relever la soupe, ajoute de ma sauce teriyaki au gingembre (page 53).

ASTUCE TEMPS

Le dimanche, quand tu prépares du poulet rôti, profites-en pour faire du bouillon de volaille. Garde aussi un peu de viande pour cuisiner cette soupe le lundi.

Soupe de nouilles

Le paradis dans un bol. L'odeur seule suffit à me mettre de bonne humeur. Un jeu d'enfant à préparer. Une source de tonus. Prépare toi-même le bouillon ou achètes-en de bonne qualité.

Préparation

1. Utilise 2 grandes casseroles. Remplis l'une d'eau aux deux tiers et mets-la à bouillir. Verse le bouillon dans l'autre casserole. Ajoute l'ail, le gingembre, le poulet, si tu en mets, et le tofu. Porte à ébullition puis baisse le feu et laisse mijoter 10 minutes.

2. Entre-temps, lave et coupe les légumes. Fais cuire les nouilles (fraîches 1 minute, sèches 4 minutes) dans l'eau bouillante puis égoutte-les. Répartis-les dans des bols.

3. Goûte le bouillon. Rectifie l'assaisonnement. Ajoute le pak choi. Laisse mijoter 3 minutes. Mets le poulet et le tofu dans les bols. Verse le bouillon aux légumes dessus. Saupoure ensuite avec les fines herbes et la ciboule hachées.

Nouilles sautées aux germes de soja

Ce plat est tellement bon qu'il se suffit à lui seul (c'est ce qu'on appelle de la cuisine réconfortante). Si tu disposes d'un peu de temps, tu peux l'intégrer à un repas cent pour cent chinois.

Pour 3 personnes

- 225 g de nouilles sèches aux œufs
- 4 gousses d'ail émincées
- 4 ciboules ou deux échalotes hachées
- 1 racine de gingembre épluchée et râpée
- 1 cuillère à soupe d'huile d'arachide et un peu d'huile de sésame
- 225 g de germes de soja
- 1 pincée de sucre
- Jus de citron vert
- Un peu de coriandre fraîche hachée

Sauce

- 1 cuillère à soupe de sauce soja
- 1 cuillère à soupe de sauce d'huîtres
- 1 cuillère à soupe de sauce pimentée douce

Préparation

1. Fais bouillir une grande casserole d'eau. Jettes-y les nouilles pendant 4 minutes puis égoutte-les après les avoir passées sous l'eau froide. Mélange les ingrédients de la sauce.

2. Fais chauffer l'huile dans un wok ou une poêle. Fais revenir l'ail pendant quelques secondes. Ajoute les ciboules, le gingembre et remue bien.

3. Incorpore les nouilles cuites et les germes de soja. Fais revenir pendant 2 minutes. Ajoute une bonne rasade de jus de citron, une pincée de sucre et la sauce. Remets à cuire une minute.

Gâteau de nouilles

Simple mais excellent. Imagine le croustillant d'une crêpe épaisse avec le fondant des nouilles à l'intérieur. Se découpe comme un gâteau.

Pour 2 ou 3 personnes

- 225 g de nouilles sèches aux œufs
- 2 à 3 cuillères à soupe d'huile de tournesol
- Un peu d'huile de sésame

À déguster avec un steak, des tranches de magret de canard, un steak de thon ou un sauté de légumes.

Préparation

1. Fais bouillir de l'eau dans une grande casserole. Plonges-y les nouilles 3 à 4 minutes puis égoutte-les après les avoir passées sous l'eau froide.

2. Mets-les dans un saladier et ajoute une cuillère à soupe d'huile de tournesol et un peu d'huile de sésame.

3. Fais chauffer le reste de l'huile dans une poêle. Ajoute les nouilles et étale-les comme une crêpe. Laisse cuire 4 à 5 minutes qu'elles soient croustillantes.

4. Pose une grande assiette sur la poêle. Tiens-les fermement l'une contre l'autre et renverse la poêle pour faire tomber le gâteau de nouilles dans l'assiette. Remets-le dans la poêle et fais cuire l'autre côté jusqu'à ce qu'il soit croustillant. Dépose-le sur du papier absorbant et découpe-le.

ASTUCE TEMPS

Cuisine ton gâteau de nouilles à l'avance et réchauffe-le plus tard au four.

Pâtes express

Les pâtes sont nos amies. C'est toujours bien d'en avoir sous la main. C'est un plat réconfortant. Fais-les cuire dans une grande casserole pleine d'eau. Compte le temps d'ébullition plus le temps de cuisson des pâtes. Dans l'intervalle, profites-en pour préparer une sauce vite fait.

Pour 2 personnes

Ingrédients

- **1 ou 2 cuillères à soupe d'huile d'olive**
- **1 oignon, 2 échalotes hachées et 2 gousses d'ail écrasées**
- **400 g de chair de tomate en boîte**
- **1 pincée de sucre**
- **1 cuillère à soupe de purée de tomates**
- **basilic, persil ou coriandre**
- **Sel, poivre noir**
- **Jus de citron**
- **225 g de pâtes**
- **Sel pour l'eau**
- **Pesto frais (page 124)**
- **Parmesan râpé**

ASTUCE TEMPS

Double les quantités de sauce et conserves-en pour tes pizzas.

VARIANTE

SAUCE ÉPICÉE : ajoute une pincée de cannelle.

FROMAGE : ajoute de petits dés de mozzarella.

Pâtes à la sauce tomate et au pesto

La sauce tomate est un classique, elle se marie avec toutes les pâtes. Si Shakespeare avait écrit des recettes de sauce, il aurait inventé celle-là. Accompagne-la de parmesan, de pesto et de salade.

Préparation

1. Mets à bouillir une grande casserole d'eau salée. Couvre-la.

2. Prépare la sauce. Fais chauffer de l'huile dans une casserole. Ajoute l'oignon ou les échalotes, l'ail et une pincée de sel. Fais revenir à feu doux.

3. Ajoute les tomates en boîte, le sucre, la purée de tomates, les herbes, le poivre, une pincée de sel, le jus de citron. Porte à ébullition puis baisse le feu. Laisse mijoter. Remue de temps à autre. Ajoute de l'eau si la sauce épaissit trop.

4. Plonge les pâtes dans l'eau bouillante. Couvre-les. Attends l'ébullition et ôte le couvercle. Remue pour éviter qu'elles ne collent. Respecte le temps de cuisson. Goûte-les au besoin. Elles doivent rester fermes.

5. Égoutte les pâtes. Retprends la casserole. Ajoute un peu de beurre ou d'huile d'olive, de l'ail écrasé. Mélange.

6. Au moment de servir, nappe les pâtes de sauce tomate. Dispose-les sur une assiette et ajoute du pesto et du parmesan sur le dessus.
Ou encore : mets les pâtes avec un peu de beurre dans une assiette. Mélange une partie avec une cuillère à café de pesto et l'autre partie avec la sauce tomate. Saupoudre de parmesan.

Penne aux tomates crues et olives

Deux pour le prix d'une ! Déguste ces pâtes chaudes avec la garniture froide et garde le reste au frigo pour te faire une salade de pâtes plus tard. Un bon plat d'été réconfortant.

Préparation

1. Mets une grande casserole d'eau salée à bouillir. Couvre-la.
2. Dans un saladier, jette pêle-mêle les tomates, le concombre, l'oignon, les herbes, les olives pour que les saveurs se mélangent. Arrose de jus de citron et d'un filet d'huile d'olive.
3. Plonge les pâtes dans l'eau bouillante et couvre-les jusqu'à ébullition puis ôte le couvercle. Laisse cuire 10 minutes.
4. Goûte-les pour vérifier qu'elles sont cuites puis égoutte-les.
5. Mets les pâtes dans un grand saladier. Ajoute le mélange aux tomates et aux olives. Goûte. Rectifie l'assaisonnement au besoin : ajoute un peu de jus de citron, d'huile ou des fines herbes. Tu peux déguster les penne froides en salade avec un peu de vinaigrette.

Pour 2 personne

- **175 g de penne**
- **4 grosses tomates mûres coupées en rondelles**
- **1 concombre pelé et coupé en dés**
- **1 petit oignon rouge finement émincé**
- **Olives noires dénoyautées hachées ou entières**
- **Huile d'olive vierge**
- **1 citron**
- **Herbes fraîches de ton choix : persil, basilic, origan, thym, coriandre, menthe**
- **Poivre noir, gros sel**

VARIANTE

AU ROQUEFORT : À L'ÉTAPE 5, ajoute une poignée de croûtons, 50 g de roquefort coupé en dés et quelques cerneaux de noix.
AU BACON : À L'ÉTAPE 5, ajoute 4 tranches fines de bacon frit ou de la pancetta émiettée, 400 g de haricots en boîte préalablement réchauffés et 4 ciboules finement hachées.

Servir avec du pain chaud croustillant pour saucer le jus

Prends-en de la graine !

Je pourrais les citer parmi les meilleurs ingrédients qui existent. Et ils se marient avec tout. La semoule de couscous est un ingrédient léger qui aime les saveurs relevées. Le boulgour a un petit goût de noix. On en fait du taboulé. Personnalise-le. Mélange-le avec un éventail de goûts et de consistances différents.

Pour 2 personnes

Ingrédients

- **300 ml d'eau**
- **225 g de semoule de couscous**

Sauce

- **50 ml d'huile d'olive vierge extra**
- **2 cuillères à soupe de jus de citron**
- **2 cuillères à café de pâte de harissa rouge**
- **Zeste de 1 citron**
- **2 cuillères à soupe d'herbes hachées : persil ou coriandre**
- **25 g de raisins secs (facultatif)**
- **25 g d'abricots secs finement émincés (facultatif)**
- **Sel, poivre noir**

Servir avec du halloumi grillé, des kebabs, des côtelettes ou des steaks d'agneau, des légumes grillés au barbecue, une salade avec de la feta.

POURQUOI PAS ?
Fais griller de petits morceaux de poulet. Ajoute du sel et du jus de citron. Mélange avec la semoule.

Semoule et sauce harissa

Dans les petits marchés du Yorkshire, on peut acheter de la semoule de couscous cuisinée dans d'immenses casseroles avec des sauces épicées. Fais-en chez toi avec de la harissa qui relèvera la douceur du couscous.

Préparation

1. Fais bouillir de l'eau et verse-la dans un verre doseur. Mets la semoule dans un saladier résistant à la chaleur. Ajoute l'eau. Remue avec une fourchette. Couvre avec un torchon. Laisse reposer 5 minutes.
2. Mélange les ingrédients de la sauce dans un autre saladier. Réserve.
3. Défais la semoule avec une fourchette. Mets-la dans un grand plat. Sale, poivre. Nappe de sauce. Ajoute éventuellement d'autres ingrédients de ton choix. Bon appétit !

Salade de couscous

Très stylée. Un plat léger, parfait pour ceux qui ont tendance à forcer sur les sucreries.

Préparation

1. Fais cuire le couscous comme indiqué à la page précédente. Mets-le dans un grand plat. Sale, poivre. Arrose d'huile d'olive, de jus de citron ou de vinaigrette. Mélange avec une fourchette.
2. Coupe les légumes. Ajoute-les à la semoule. Rajoute de l'huile, du jus de citron ou de la vinaigrette si tu le souhaites.

Pour 2 personnes

- 300 ml d'eau
- 225 g de semoule de couscous
- 2 grosses tomates mûres coupées en dés
- 1 poivron rouge épépiné et coupé en dés
- 3 ciboules finement hachées ou 1 oignon rouge
- Olives noires dénoyautées et coupées en lamelles
- coriandre, persil ou menthe
- Huile d'olive vierge
- Jus de citron ou ma vinaigrette relevée (page 122)
- Sel, poivre noir

Servir avec un steak grillé, du thon, des légumes, des kebabs, de l'agneau rôti, du poulet rôti froid.

Taboulé

Un plat léger, parfait si tu surveilles ta ligne. Avec le boulgour riche en protéines, fais le plein d'énergie. Les herbes sont pleines de vitamines et de minéraux. Elles se marient bien ensemble et ont un goût délicieux. Sers avec de la pita à l'ail (page 38).

Préparation

1. Mets l'eau et le boulgour dans une casserole. Porte à ébullition. Couvre. Laisse cuire 10 minutes voire plus, jusqu'à ce qu'il soit bien tendre, puis égoutte soigneusement. Étale le blé sur un torchon ou du papier absorbant.
2. Entre-temps, prépare les autres ingrédients.
3. Une fois qu'il est sec, mets le blé dans un saladier. Ajoute l'huile, le jus de citron, le sel, le poivre et les herbes hachées. Mélange.
4. Ajoute les tomates, le concombre et l'oignon au mélange. Ou dispose le blé aux herbes dans une assiette avec les dés de crudités autour.

Pour 2 personnes

- 110 g de boulgour
- 600 ml d'eau
- 5 à 6 cuillères à soupe d'huile d'olive vierge extra
- Jus de 2 ou 3 citrons
- Sel, poivre noir
- Menthe hachée
- Persil haché
- 3 tomates coupées en dés
- 1 concombre coupé en dés
- 1 oignon rouge coupé en petits dés
- Roquette ou laitue

ASTUCE TEMPS

Prévois ! Verse de l'eau bouillante sur le boulgour. Laisse tremper une demi-heure puis égoutte-le.

Desserts aux fruits

Il est temps de passer au dessert. Tu as le choix entre ces trois délicieuses recettes cinq étoiles.

Verrine
aux fruits rouges

Pour 4 personnes

Ingrédients

- **1 poignée de myrtilles**
- **1 bonne poignée de framboises**
- **Un peu de jus d'orange ou de vin blanc**
- **25 g de sucre glace tamisé**
- **4 meringues**
- **300 ml de crème fraîche épaisse**

VARIANTE
Pas de meringues ? Remplace-les par des amarettis ou des biscuits au gingembre.

Ici, pas besoin de mesurer les ingrédients en quantités exactes. La bonne dose de fruits, c'est celle que tu aimes.

Préparation

1. Mets la moitié des fruits dans un saladier. Écrase le reste avec une fourchette pour libérer le jus.
2. Arrose les fruits de jus d'orange ou de vin blanc. Ajoute le sucre glace. Mets au frais pendant 10 minutes.
3. Écrase les meringues. Fouette la crème jusqu'à ce qu'elle soit bien ferme.
4. Mélange doucement les meringues écrasées, la crème et les fruits, et répartis-les dans des verrines ou des bols. Régale-toi.

Figues rôties au miel

Ingrédients

- **2 ou 3 figues bien mûres par personne**
- **Miel liquide**

Servir avec de la crème fraîche, du mascarpone, ou de la glace à la vanille et au miel.

Achète des figues bien mûres (attention, ces fruits ne mûrissent plus une fois cueillis) avec une peau intacte. Pèle-les comme des bananes avec les doigts. Pour une recette salée, sers tes lamelles de figues avec du jambon de Parme, des dés de fromage et ta meilleure salade. Un classique. Pour une recette sucrée toute simple, fais-les rôtir au four avec du miel.

Préparation

1. Préchauffe le four à 190 °C (thermostat 6).
2. Verse un peu d'eau sur la plaque du four avant d'y mettre les figues. Enfourne 10 minutes.
3. Retire la plaque du four. Laisse refroidir une minute. Trace une croix sur le dessus des fruits et nappe-les de miel liquide. Remets au four 4 à 5 minutes.

Crêpes aux framboises
et à la crème au gingembre

Un dessert somptueux. Impressionne quelqu'un qui t'est cher (ou fais-toi plaisir, pourquoi pas ?). Une crêpe croustillante. Une crème au gingembre acidulée. Des framboises fraîches.

Préparation

1. Garniture : mets la crème dans un saladier. Bats-la avec un fouet jusqu'à ce qu'elle prenne forme sans être trop ferme. Incorpore doucement le gingembre et le sucre. Ajoute les framboises.
2. Crêpes : verse la farine et le sel dans un saladier. Creuse un puits et casse l'œuf dedans. Ajoute un peu de lait ou de mélange eau/lait. Bats au fouet ou à la cuillère en bois en ajoutant le reste de lait peu à peu afin d'obtenir une pâte lisse, sans grumeaux.
3. Fais chauffer un peu de beurre dans une poêle antiadhésive. Les crêpes cuisent à feu vif. Badigeonnes-en les parois de la poêle.
4. Verse une louche de pâte dans la poêle. Penche-la pour en recouvrir toute la surface. Laisse cuire jusqu'à ce que le dessous soit doré. Utilise une spatule pour retourner la crêpe ou fais-la sauter. Laisse cuire l'autre côté. (La première crêpe colle un peu. La seconde est plus réussie.)
5. Pose la crêpe sur une assiette chaude. Étale une cuillerée de crème dessus et roule-la. Arrose-la de sirop d'érable, d'une bonne rasade de jus de citron et saupoudre-la de sucre glace.

Pour 8 crêpes

- **110 g de farine**
- **1 pincée de sel**
- **1 œuf**
- **300 ml de lait**
- **Beurre pour la poêle**

Garniture

- **200 ml de crème fraîche**
- **1 c. à soupe de sucre**
- **du gingembre en poudre**
- **225 g de framboises fraîches**
- **Sirop d'érable et jus de citron jaune ou vert**
- **Sucre glace pour la finition**

ASTUCE TEMPS

La pâte se conserve quelques heures au frigo. Redonne-lui un coup de fouet avant de la faire cuire.

15 minutes

20 minutes : Profites-en !

Tu es assis dans l'herbe, épuisé. Ta toile de tente prend l'eau. Tu sais de quoi tu as besoin ? De vingt minutes et d'une **saucisse.**

Dans pareil contexte, la cuisine reste basique. Des **haricots** en boîte. Des **œufs.** Terrible. J'adore ça. J'adore aussi les **hamburgers** s'ils sont faits maison. Alors ramène tout le monde chez toi et mets-toi aux fourneaux.

Vingt minutes, c'est juste le temps qu'il te faut pour préparer un dîner de fête. Invite un bon copain, une ou deux demoiselles. Mets des bougies sur la table. Des **pâtes** feront l'affaire. Je me réserve la **purée...** Non, je plaisante ! Tous mes copains ont leur plat préféré. Les filles adorent la **mozzarella.** En dessert, sers les **biscuits** et mon somptueux dessert aux **prunes.**

Hamburgers balèzes

Le samedi, c'est le jour du foot. Ensuite, direction chez moi : au programme, Playstation 2 et burgers maison. De vrais burgers. Préparés avec de la bonne viande, ils ne peuvent pas te faire de mal. Mixe les ingrédients de base avant de sortir. En rentrant, tu n'as plus qu'à les faire cuire et les empiler. Tu peux toujours embaucher tes copains comme sous-chefs.

Pour 4 personnes

Ingrédients

- **50 g de pain sans la croûte**
- **4 ciboules**
- **2 gousses d'ail**
- **450 g de blanc de poulet**
- **1 piment rouge**
- **4 c. à soupe de coriandre fraîche hachée**
- **Zeste de citron**
- **Sauce soja**
- **Huile de tournesol et huile de sésame**

Pour le sandwich :

- **4 petits pains**
- **Jus de citron vert**
- **Mayo aillée (page 123)**
- **Sauce au piment doux**
- **Gingembre mariné**
- **Roquette ou laitue**

POURQUOI PAS ?

Sers ton burger avec une salade relevée. Blanchis des germes de soja dans de l'eau bouillante pendant 1 minute. Passe-les sous l'eau froide puis égoutte-les. Mélange avec un poivron rouge émincé, de la ciboule et de la coriandre avec une bonne dose de sauce teriyaki au gingembre (page 53) ou de ma vinaigrette.

Burger au poulet style thaï

Prépare du bon poulet à la mode thaïe. C'est délicieux dans du pain, mais tu peux le déguster tel quel, trempé dans de la sauce teriyaki ou du jus de citron additionné de gingembre. Parfait pour une soirée baguettes.

Préparation

1. Préchauffe le four à 200 °C (thermostat 7). Passe au mixeur le pain avec les ciboules et l'ail.

2. Coupe grossièrement le poulet et le piment et ajoute-les au premier mélange. Ne mixe pas trop (il te faut un hachis, pas une purée). Mixe à nouveau brièvement avec la coriandre, le zeste de citron et quelques gouttes de sauce soja.

3. Malaxe ton hachis pour lui donner la forme de 4 burgers (s'il en reste, congèle-le).

4. Fais chauffer de l'huile dans une poêle. Fais revenir tes burgers 2 minutes de chaque côté.

5. Enfourne-les 10 minutes pour qu'ils finissent de cuire. Ou termine la cuisson à la poêle.

6. Garnis le pain préalablement chauffé avec la viande, du jus de citron, la mayonnaise aillée, un peu de sauce pimentée, le gingembre mariné et quelques feuilles de roquette ou de laitue.

Burger au bœuf : le vrai

Joue-la classique ou personnalise, à toi de voir. Choisis la meilleure viande hachée chez ton boucher ou hache-la toi-même. Mon copain Fordy considère que c'est le meilleur plat qu'il ait mangé. Je connais des filles qui détestent les hamburgers : elles ont goûté celui-ci et en sont tombées amoureuses…

Préparation

1. Fais chauffer de l'huile dans une poêle. Ajoute l'ail, l'oignon et un peu de sel. Fais-les revenir doucement. Réserve.
2. Si tu haches le bœuf toi-même, coupe-le en gros dés et passe-le au mixeur.
3. Mets le bœuf haché dans un saladier. Ajoute les herbes, l'œuf, le ketchup, le poivre, l'ail et l'oignon frits.
4. Mélange bien avec une fourchette. Forme 4 steaks hachés. Mets-les au frigo pendant 5 minutes.
5. Entre-temps, fais chauffer les petits pains et prépare l'accompagnement.
6. Préchauffe la poêle à gril. Badigeonne les steaks d'huile d'olive. Fais-les cuire 3 minutes de chaque côté ou plus selon ton goût. Le temps de cuisson dépend de l'épaisseur de la viande. Laisse reposer une minute. Empile les différents ingrédients dans les petits pains préalablement chauffés ou grillés, la viande, des rondelles de tomate, de la roquette ou de la laitue, du ketchup, du guacamole, de la sauce au piment doux, de la mayo.

VARIANTE
FROMAGE ET BACON : À L'ÉTAPE 6, fais griller 4 tranches de bacon fumé. Mets des tranches de fromage toasté sur la viande. Recouvre de bacon et de cornichons.

Pour 4 personnes

- **Un peu d'huile d'olive**
- **1 oignon de taille moyenne finement haché**
- **2 gousses d'ail écrasées**
- **450 g de bœuf haché (rumsteck, par exemple)**
- **Quelques branches de thym frais ou 3 c. à soupe de persil frais haché**
- **1 petit œuf battu**
- **1 c. à café de ketchup**
- **Sel, poivre noir**
- **4 petits pains**

20 minutes

Pour 4 personnes

- **2 blancs de poulet un peu aplatis**
- **Sel, poivre noir**
- **Huile d'olive**

Marinade

- **200 ml de yaourt nature**
- **2 c. à café de cassonade**
- **3 gousses d'ail écrasées**
- **1 c. à café de cumin**
- **1 c. à café de coriandre**
- **Du persil plat finement haché**
- **Jus de citron**

POURQUOI PAS ?

Tente une sauce aux fruits. Hache une mangue ou de l'ananas, un peu d'oignon rouge, un piment rouge épépiné, de la coriandre ou de la menthe et mélange le tout avec un peu de sucre en poudre et de l'huile d'olive. Extraordinaire.

Burger

au poulet mariné

En fait, la viande n'est pas hachée. Non, ici, on l'écrase un peu pour l'aplatir avant de la glisser dans un petit pain et de l'accommoder avec les classiques. Un peu sucré, délicieux et léger.

Préparation

1. Préchauffe le four à 220 °C (thermostat 7). Mélange les ingrédients de la marinade dans un saladier.
2. Si les blancs de poulet sont fins, laisse-les tranquilles. Si ta viande est épaisse, enrobe-la dans du papier sulfurisé ou du film plastique. Écrase-la un peu avec un rouleau à pâtisserie. Puis plonge-la dans la marinade et laisse-la reposer 5 minutes.
3. Fais chauffer de l'huile dans une poêle. Retire la viande de la marinade en laissant égoutter l'excédent. Sale, poivre. Saisis-la 4 minutes de chaque côté à feu vif.
4. Enfourne les morceaux de poulet 5 à 10 minutes. Vérifie la cuisson avec la pointe d'un couteau.
5. Laisse reposer 1 minute. Garnis le petit pain avec le poulet, des rondelles de concombre, de la mayo ou du yaourt aillé et de la salade verte. Déguste avec des frites de patates douces et de la mayonnaise à la moutarde.

Pour 4 personnes

- **50 g de pain blanc sans la croûte**
- **450 g de filet de porc ou de bon porc haché**
- **50 g de pomme râpée**
- **1 oignon de taille moyenne finement haché**
- **Zeste de 1 citron**
- **Un peu de gingembre frais épluché et râpé**
- **Un bouquet de coriandre fraîche finement hachée**
- **Sel, poivre noir**
- **1 petit œuf**

Servir avec une sauce à base de crème fraîche, de miel et de moutarde ou encore avec du coleslaw.

Burger au porc

Les amateurs de dim sum (raviolis chinois souvent à base de porc) vont adorer. Ne panique pas si la viande se défait un peu (les burgers des fast-foods tiennent sans doute avec de la colle). Tu peux la cuire à la poêle mais moi, je préfère la préparer sur la poêle à gril. J'ajoute plein de gingembre. Mon burger favori.

Préparation

1. Râpe le pain ou passe-le au mixeur. Mets-le dans un grand saladier.
2. Si tu haches toi-même la viande : coupe le porc en gros cubes et passe-le au mixeur (pas trop longtemps).
3. Dans le saladier, ajoute le hachis, la pomme râpée, l'oignon, le zeste de citron, le gingembre, la coriandre, le sel et beaucoup de poivre noir. Mélange bien avec une fourchette. Bats l'œuf. Ajoutes-en juste assez au mélange pour le faire tenir. Attention, ce dernier ne doit pas être trop humidifié. Forme des steaks avec les doigts. Mets au frigo 5 minutes.
4. Préchauffe la poêle à gril. Tapisse-la de papier aluminium. Fais griller la viande 5 minutes de chaque côté voire plus. Empile les ingrédients.

Burger au falafel

Mes sœurs végétariennes craquent pour ce burger-là. Déguste ton falafel avec du pain, de la pita ou sur un lit de salade. Remarque 1 : il y a assez de protéines dedans pour te faire danser toute la nuit. Remarque 2 : égoutte bien les pois chiches pour que les falafels ne se défassent pas en cuisant.

Préparation

1. Égoutte bien les pois chiches et laisse-les reposer sur du papier absorbant. Roule-le pour les faire sécher.

2. Râpe le pain ou passe-le au mixeur (utilise du pain rassis). Ajoute les pois chiches, l'oignon, l'ail, les épices, les herbes, le sel et le poivre. Mixe le tout jusqu'à obtenir une pâte collante.

3. Mets le mélange dans un grand plat et forme de petites boules plates. Farine-les légèrement (pour éviter que le falafel ne se défasse) et mets-les au frigo quelques minutes si tu as le temps.

4. Recouvre de 1,5 cm d'huile le fond d'une petite poêle et fais chauffer. Fais frire doucement les falafels pendant 2 à 3 minutes jusqu'à ce qu'ils soient dorés. Retourne-les avec précaution et fais-les dorer de l'autre côté. Déguste-les dans des petits pains avec quelques feuilles de laitue, sur un lit de salade ou dans une pita réchauffée.

Pour 2 ou 3 personnes

- **400 g de pois chiches en boîte**
- **50 g de pain blanc**
- **1 oignon haché**
- **5 gousses d'ail épluchées**
- **2 c. à café de coriandre en poudre**
- **2 c. à café de cumin en poudre**
- **1 c. à café de piment en poudre**
- **2 c. à soupe de coriandre fraîche hachée**
- **Sel, poivre noir**
- **2 c. à soupe de farine blanche**
- **Huile de tournesol ou d'arachide pour la cuisson**

Servir avec une salade de tomates et d'oignons rouges, des olives, de l'ail, du yaourt, du concombre, du houmous (page 37) ou du guacamole (page 38).

20 minutes

Autour d'un feu de camp

Ah, le grand air! Des collines partout, des vaches cradingues, la pluie, une tente qui prend l'eau, le manque de sommeil, des copains qui ronflent. Heureusement, il reste la cuisine. Et tout de suite, ça va mieux! L'équipement de survie? Réchaud de camping, tasse, assiette, cuillère en bois, couteau, fourchette, cuillère, ouvre-boîte, une gamelle pour manger et cuisiner.

Ingrédients
par personne

- **Eau**
- **Sachet de thé**
- **2 saucisses**
- **1 tranche de bacon découenné**
- **1 œuf**
- **200 g de baked beans (haricots blancs cuisinés à la sauce tomate) en boîte**
- **1 ou 2 tranches de pain**
- **Un peu d'huile d'olive**

Le petit déjeuner du randonneur

Commence la journée du bon pied. Prépare un petit déjeuner complet avant de partir à l'aventure. Tes copains te remercieront. Conseils importants : 1. Ne cuisine pas sous la tente (même pas sous l'auvent), si tu ne veux pas la transformer en torche. 2. Avant de te mettre à cuisiner, fais bouillir un peu d'eau pour te préparer une bonne tasse de thé. 3. Les couverts en métal retiennent la chaleur. Utilise une cuillère en bois quand tu cuisines. 4. L'organisation fait tout : procède dans l'ordre.

Préparation

1. Pose le réchaud à plat et allume-le. Fais bouillir de l'eau pour le thé dans ta gamelle. Laisse infuser ton thé. Ajoute du sucre et/ou du lait selon ton goût (et si tu en as).
2. Baisse le feu. Verse un peu d'huile dans ta gamelle. Fais revenir tes saucisses à feu doux sans cesser de remuer. La cuisson peut prendre 15 à 20 minutes selon l'épaisseur de la saucisse.
3. Quand elles sont presque cuites, ajoute les tranches de bacon et retourne-les pour qu'elles cuisent des deux côtés.
4. Mets les saucisses et le bacon dans une assiette ou mange-les entre deux tranches de pain. Augmente le feu. Casse l'œuf dans la poêle. Fais-le frire et verse un peu d'huile sur le jaune pour le stabiliser. Mets l'œuf dans une assiette.
5. Fais chauffer les haricots dans la gamelle en les remuant. Bon appétit!

Ingrédients
par personne

- **2 tranches de pain**
- **2 œufs**
- **2 c. à café d'huile d'olive**

Œufs en nid

Pratique quand tu es crevé et que ta cervelle fonctionne au ralenti. Il te faut du rapide et du nourrissant. Il vaut mieux que les oiseaux n'assistent pas à la scène. Conseil : ne cuisine pas d'œufs brouillés en camping. Laver une poêle devient un véritable cauchemar.

Préparation

1. Fais chauffer un peu d'huile dans la gamelle.
2. Creuse un trou au centre de chaque tranche de pain.
3. Fais dorer le pain en le retournant avec une cuillère en bois.
4. Casse l'œuf dans le trou. Réduis le feu. Couvre. Laisse cuire trois minutes.

Pâtes spécial camping
aux tomates et au thon

Audacieux. Si tu débutes, essaie peut-être à la maison d'abord.
Il te faudra deux récipients pour réaliser ce plat.

Pour 2 personnes
- 1 litre d'eau
- 1 pincée de sel
- 1 oignon de taille moyenne épluché et finement haché
- 1 gousse d'ail finement hachée
- 2 cuillères à café d'huile d'olive
- 400 g de chair de tomate en boîte
- 200 g de thon en boîte égoutté

Préparation

1. Mets une casserole d'eau à bouillir sur le réchaud. Plonges-y les pâtes. Laisse bouillir 4 minutes.
2. Ôte la casserole du feu. Couvre. Laisse les pâtes cuire lentement dans leur eau.
3. Baisse un peu la flamme du réchaud. Fais chauffer de l'huile dans une poêle. Jettes-y l'oignon, l'ail, un peu de sel. Remue avec une cuillère en bois. Ça ne doit pas brunir.
4. Retire la poêle du feu. Remets la casserole à bouillir pendant une minute et ôte-la du réchaud.
5. Remets la poêle sur le feu. Ajoute les tomates puis le thon que tu émiettes avec une fourchette. Laisse mijoter jusqu'à ce que la sauce soit liée.
6. Vérifie la cuisson des pâtes. Remets-les à bouillir au besoin après avoir couvert la sauce tomate. Égoutte-les, nappe-les de sauce et répartis-les dans des assiettes. Avec un peu de fromage râpé, ce serait meilleur.

Détends-toi avec une assiette de pâtes

Tu vas bien t'amuser avec ces recettes. Chaque sauce correspond à une humeur et à une variété de pâtes différente. Les pâtes ont la cote avec les copains. Nourrissantes, bonnes pour la santé (les glucides se combinent avec l'exercice), elles apportent du tonus et, bizarrement, du réconfort. Que demander de plus? (Fais toujours cuire les pâtes dans beaucoup d'eau.)

Pour 4 personnes

Ingrédients

- **25 g de beurre**
- **1 c. à soupe d'huile d'olive**
- **Un paquet de lardons**
- **1 oignon haché menu**
- **2 gousses d'ail écrasées**
- **450 g de bœuf haché**
- **400 g de chair de tomate en boîte**
- **3 c. à soupe de coulis de tomates**
- **1 pincée de sucre**
- **Persil frais, origan ou thym**
- **1 feuille de laurier**
- **Noix de muscade râpée**
- **150 ml de vin rouge, de bouillon ou d'eau**
- **Jus de citron**
- **Sel, poivre noir**
- **350 g de spaghettis**
- **Parmesan**

Spaghettis bolognaise

Une recette de pâtes classique prête en 20 minutes seulement! Utilise une viande extra. Les épices relèvent le goût du plat. Conseil: laisse mijoter la sauce si tu peux, ou prépare-la la veille et réchauffe-la.

Préparation

1. Sauce: fais fondre le beurre et l'huile dans une grande poêle. Fais revenir les lardons 1 minute. Ajoute l'oignon, l'ail et laisse cuire à feu doux.

2. Augmente le feu. Ajoute le bœuf et remue jusqu'à ce qu'il soit bien cuit.

3. Verse le vin rouge et porte à ébullition pendant 1 minute. Ajoute la chair de tomate, le coulis, le sucre, les herbes, la feuille de laurier, la noix de muscade, le sel et le poivre.

4. Porte à ébullition et couvre. Réduis le feu. Laisse mijoter en remuant de temps à autre. Rajoute un peu d'eau si la sauce est trop sèche ou du coulis pour l'épaissir.

5. Spaghettis: fais bouillir une grande casserole d'eau salée. Plonges-y les pâtes. Couvre. Attends l'ébullition et ôte le couvercle. Laisse cuire 10 minutes. Les pâtes doivent être à peine tendres (*al dente*). Égoutte-les et remets-les dans la casserole. Ajoute de l'huile d'olive ou du beurre si tu le souhaites.

6. Verse un peu de jus de citron dans la sauce. Remue et goûte. Mélange la sauce avec les pâtes ou nappe-les. Saupoudre de parmesan.

Pâtes crémeuses à la saucisse et à la moutarde

Simple et délicieux, comme ils disent sur la boîte. Règle d'or : lis l'étiquette. Choisis de bonnes saucisses à la viande ou végétariennes.

Pour 2 personnes
- 4 saucisses de porc
- 175 g de penne
- 10 g de beurre
- 150 ml de crème
- Sel, poivre noir
- 2 c. à café de moutarde
- 75 g de parmesan râpé
- Feuilles de sauge hachées (facultatif)

Préparation

1. Préchauffe le four à 220 °C (thermostat 7). Fais cuire les saucisses 15 à 20 minutes sur une plaque.
2. Entre-temps, fais bouillir une grande casserole d'eau salée. Plonges-y les pâtes 8 à 10 minutes. Goûte pour vérifier la cuisson. Elles doivent être *al dente*.
3. Retire les saucisses du four. Coupe-les en rondelles.
4. Égoutte les pâtes. Fais fondre du beurre dans la casserole encore chaude. Ajoute la crème. Assaisonne.
5. Ajoute la moutarde, les pâtes, le parmesan, la sauge et les rondelles de saucisse. Mélange. Déguste avec une salade croquante assaisonnée de vinaigrette bien relevée.

VARIANTE
Remplace la saucisse par des rondelles de chorizo revenues à la poêle.

Pâtes aux courgettes et aux herbes

Un plat sain et réconfortant. Fais revenir les courgettes afin qu'elles restent croquantes. Déguste-les avec tes amis devant un DVD.

Pour 2 à 4 personnes
- 2 grosses courgettes coupées en rondelles
- Origan séché
- 350 g de tagliatelles ou de pappardelles
- 1 gros œuf
- 110 g de ricotta
- 4 c. à soupe de parmesan râpé
- 125 ml de crème
- Sel, poivre noir
- 2 à 3 c. à soupe d'herbes hachées : persil, estragon, basilic ou aneth

Préparation

1. Fais chauffer la poêle. Badigeonne les courgettes d'un peu d'huile et saisis-les en les retournant de temps à autre. Elles doivent être dorées mais croquantes. Dépose-les sur du papier absorbant et saupoudre d'origan séché.
2. Porte à ébullition une grande casserole d'eau salée pour les pâtes.
3. Prépare la sauce. Casse l'œuf et sépare le blanc du jaune. Mets le jaune dans un saladier. Ajoute la ricotta. Mélange bien.
4. Plonge les pâtes dans l'eau bouillante. Laisse cuire 10 minutes.
5. Verse la crème dans une petite poêle avec du parmesan, de la roquette ou du persil, du sel et du poivre. Remue le tout avec une cuillère en bois. Ajoute le mélange à la ricotta. Retire la sauce du feu dès qu'elle est assez chaude. Prends garde à ne pas la faire brûler.
6. Égoutte les pâtes et remets-les dans la casserole. Mélange la sauce avec les courgettes et les herbes. Sers les pâtes avec du parmesan râpé, une chicorée ou une laitue craquante avec du vinaigre balsamique et des croûtons. Ne pas oublier du bon pain croustillant.

Cuisson express au four

On peut faire cuire des tas de plats au four. Il fait le boulot à ta place. Dommage qu'il ne fasse pas les maths ou la chimie (enfin, si, en chimie, il s'y connaît). Régale-toi avec ces bonnes suggestions.

Pour 4 personnes

Ingrédients

- **2 cuillères à soupe d'huile d'olive**
- **1 gros oignon haché menu**
- **1 poivron rouge épépiné et haché menu**
- **3 gousses d'ail écrasées**
- **1 ou 2 piments épépinés et hachés menu**
- **400 g de chair de tomate en boîte**
- **3 tomates fraîches coupées en dés**
- **400 g de haricots rouges en boîte**
- **2 cuillères à soupe de purée de tomates**
- **1 pincée de sucre**
- **2 cuillères à soupe de coriandre fraîche**
- **Sel, poivre noir**
- **4 œufs**
- **2 tortillas**

ASTUCE TEMPS

Couvre les œufs pour une cuisson plus rapide.

Accompagnement

- **Crème liquide**
- **Avocat coupé en dés**
- **Quartiers de citron vert**
- **Tortillas réchauffées**

Huevos rancheros

Il n'y a pas beaucoup de Mexicains dans le Yorkshire. Ça ne nous empêche pas de nous régaler avec ces œufs cuits au four dans une sauce tomate pimentée. Sers-les avec une tortilla bien chaude (page 100) ou autre. Ou garnis ta tortilla avec la sauce et des œufs sur le plat. Ajoute de la crème fraîche, du fromage, du guacamole (page 38). Roule le tout.

Préparation

1. Préchauffe le four à 200 °C (thermostat 7).
2. Fais chauffer de l'huile dans une poêle. Ajoute l'oignon, le poivron rouge, une pincée de sel. Fais revenir 2 minutes. Incorpore l'ail et le piment. Laisse cuire 1 minute. Ajoute les tomates en dés, la purée de tomates, les haricots, le sucre, la moitié de la coriandre fraîche. Porte à ébullition. Réduis le feu. Laisse mijoter quelques minutes jusqu'à ce que la sauce épaississe. Sale et poivre.
3. Huile légèrement un plat allant au four. Nappe le fond du plat de sauce pimentée. Casse les œufs dedans. Enfourne 10 minutes voire plus.
4. Dispose les accompagnements sur la table.
5. Sers une portion dans chaque assiette et saupoudre le reste de coriandre.

Méli-mélo aubergine-feta, Mille-feuille tomate-mozza

Mes sœurs végétariennes ont leurs recettes. On les mange avec plaisir. Dommage qu'elles ne mangent pas les nôtres. Pour leur plaire, laisse tomber le jambon de Parme. Deux recettes légères à tomber à la renverse.

Préparation

1. Préchauffe le four à 200 °C (thermostat 7).
2. Méli-mélo aubergine-feta : coupe l'aubergine en rondelles. Fais-les revenir 2 minutes de chaque côté dans un peu d'huile d'olive.
3. Dépose une première tranche sur la plaque de cuisson. Recouvre avec une rondelle de tomate et la feta. Répète l'opération. Arrose d'un filet d'huile.
4. Mille-feuille tomate-mozza : coupe les tomates en 4 ou 5 rondelles. Dispose la première rondelle sur la plaque de cuisson. Nappe de pesto et recouvre d'une tranche de mozzarella et d'une feuille de basilic. Répète l'opération. Arrose d'un filet d'huile. Enroule 1 tranche de jambon autour de la tomate.
5. Enfourne pendant 10 à 15 minutes.

Pour 2 personnes

- 1 aubergine
- Huile d'olive
- 2 grosses tomates coupées en rondelles
- Feta émiettée

Pour le mille-feuille tomate-mozza

- 2 grosses tomates
- Mozzarella
- Pesto
- Feuilles de basilic
- Huile d'olive
- 2 tranches de jambon de Parme

POURQUOI PAS ?

Des tomates farcies au four : coupe le dessus des tomates et évide-les avec une petite cuillère. Égoutte-les. Garnis-les avec un reste de bolognaise maison, du riz cuit et du fromage râpé. Tu peux ajouter des raisins secs et de la ciboule. Enfourne-les 15 minutes.

Purée cocooning

Une bonne purée, c'est un peu comme une bonne couette : chaud et réconfortant.
Guide de la purée rapide : 1. Utilise des patates farineuses (type bintje). 2. Écrase les morceaux avec une fourchette, un presse-purée ou un fouet. 3. Pour la rendre crémeuse, ajoute du lait, du beurre, de la crème, un œuf, de l'huile d'olive, des herbes, de la moutarde, du fromage, du jus de citron, de la ciboule, de l'ail.

Pour 4 personnes

Ingrédients

- **900 g de pommes de terre épluchées et coupées en gros morceaux**
- **50 g de beurre**
- **125 ml de lait**
- **Sel, poivre noir**

POURQUOI PAS ?
Recycle un reste de purée auquel tu ajoutes du chou-fleur coupé en morceaux. Sale, poivre et ajoute un peu d'œuf battu, du fromage râpé, de la ciboule hachée, de la viande froide coupée en dés si tu le souhaites. Mixe le tout et forme de petites boules. Farine-les et fais-les revenir 4 minutes de chaque côté jusqu'à ce qu'elles soient bien dorées. Déguste-les avec du rôti froid, des œufs, du jambon, des haricots secs, de la salade.

Purée
onctueuse de tous les jours

Mets cette purée sur la table, personne ne pourra lui résister.

Préparation

1. Porte à ébullition une grande casserole à moitié remplie d'eau salée.
2. Plonges-y les patates. Couvre. Laisse bouillir 15 minutes voire plus. Vérifie la cuisson avec la pointe d'un couteau. Égoutte.
3. Remets-les dans la casserole et fais-les chauffer 1 minute afin qu'elles sèchent. Remue pour ne pas qu'elles brûlent.
4. Fais chauffer le lait dans une petite casserole.
5. Écrase les pommes de terre pour faire disparaître les grumeaux. Ajoute le beurre. Mélange avec une cuillère en bois. Verse le lait peu à peu sans cesser de remuer. Ajoute les ingrédients de ton choix : de la moutarde, du jus de citron, de la noix de muscade râpée, des herbes (aneth, coriandre, persil). Sale, poivre. Enfourne la purée pour qu'elle reste au chaud si le reste du repas n'est pas encore prêt.

Purée au fromage et aux oignons

Voici peut-être ma purée préférée. À la fois chic et chaleureuse grâce au fromage. Partage-la avec tes proches. Ou prépare-t-en une assiette pour toi tout seul. Le gruyère convient parfaitement à cette recette.

Pour 2 personnes

- **450 g de pommes de terre épluchées et coupées en gros morceaux**
- **2 gousses d'ail épluchées**
- **25 g de beurre**
- **2 cuillères à soupe de lait**
- **110 g de gruyère**
- **2 ciboules finement hachées**
- **Sel, poivre noir**

Préparation

1. Fais bouillir de l'eau avec une pincée de sel dans une casserole.
2. Plonges-y les pommes de terre en morceaux et l'ail. Fais cuire à gros bouillons pendant environ 15 minutes.
3. Égoutte les patates quand elles sont cuites. Vérifie la cuisson avec la pointe d'un couteau.
4. Remets-les à cuire dans la casserole pendant 1 à 2 minutes pour les faire sécher. Remue-les pour ne pas qu'elles brûlent.
5. Ajoute le beurre. Écrase bien les pommes de terre avec un presse-purée.
6. Ajoute le lait en mélangeant avec une cuillère en bois, puis le fromage en remuant sur le feu pour qu'il fonde bien. Ajoute la ciboule à la dernière minute avec le sel et le poivre. Délicieux.

POURQUOI PAS ?
Recouvre le fond d'un plat de sauce bolognaise (page 80) puis d'une couche de purée. Fais cuire à four chaud pendant 20 minutes.

Purée de patates douces

Simple, chic, sucrée. Essaie. Tu verras, le gingembre et le miel lui donnent un coup de fouet.

Pour 2 personnes

- **450 g de patates douces épluchées et coupées en gros morceaux**
- **Un peu de gingembre frais épluché et râpé**
- **Beurre**
- **1 cuillère à café de miel liquide**
- **Sel, poivre noir**
- **Un peu de jus de citron**

Préparation

1. Fais bouillir de l'eau avec une pincée de sel dans une casserole.
2. Plonges-y les patates douces et le gingembre râpé. Laisse cuire 10 à 15 minutes à gros bouillons.
3. Égoutte. Remets les patates quelques secondes dans la casserole chaude afin qu'elles sèchent.
4. Écrase les patates. Ajoute un peu de beurre, le miel, du sel, du poivre. Goûte et rectifie l'assaisonnement si nécessaire. Ajoute un peu de jus de citron ou sers à table avec des quartiers de citron.

Servir avec du jambon rôti, du porc, du poulet ou des légumes sautés.

Sautés revigorants

Finis les plats à emporter douteux et les buffets à volonté minables ! Cuisine-toi plutôt un bon sauté. Pour gagner du temps : prépare toujours les ingrédients et les sauces à l'avance avant de les faire revenir.

Pour 4 personnes

Ingrédients

- **3 sachets de nouilles aux œufs**
- **60 ml de sauce soja**
- **Gingembre frais râpé**
- **1 c. à café de sucre**
- **6 ciboules émincées**
- **Germes de soja**
- **1 petit oignon émincé**
- **1 poignée de haricots mange-tout**
- **12 crevettes cuites décortiquées**
- **3 gousses d'ail émincées**
- **1 piment épépiné haché**
- **2 blancs de poulet coupés en lanières**
- **Coriandre fraîche hachée**
- **2 c. à soupe d'huile de tournesol**
- **1 c. à café d'huile de sésame**
- **2 œufs**

VARIANTE
Remplace les crevettes par des dés de jambon rôti maison. Ou remplace viande et fruits de mer par 250 g de tofu et 250 g de champignons.

Nouilles sautées
au poulet et aux crevettes

Ça colle avec certaines personnes et avec d'autres, non. En cuisine, c'est pareil : poulet et crevettes s'accordent si bien !

Préparation

1. Fais bouillir une grande casserole d'eau. Plonges-y les nouilles. Laisse cuire 4 minutes et égoutte-les.
2. Mets la sauce soja, le gingembre frais et le sucre dans un grand saladier. Ajoute les crevettes, les nouilles, les germes de soja, l'oignon, les ciboules, les haricots mange-tout.
3. Bats les œufs dans un petit saladier. Ajoute la moitié de la coriandre.
4. Fais chauffer de l'huile dans un wok ou une poêle. Fais revenir quelques instants l'ail et le piment. Ajoute le poulet et laisse cuire pendant 2 à 3 minutes en remuant.
5. Ajoute le contenu du grand saladier. Fais revenir pendant 4 minutes.
6. Ajoute les œufs. Fais revenir le tout pendant 1 minute. Saupoudre le reste de coriandre et le gingembre mariné. Sers avec des quartiers de citron.

Sauté d'agneau
aux champignons sur un lit de laitue

Tente l'expérience. Garnis des feuilles de laitue croquante avec un peu de sauce hoisin, de la ciboule, du concombre et de ce sauté d'agneau aux champignons (ou de bœuf si tu préfères).

Préparation

1. Coupe la base de la laitue et détache les feuilles. Dispose-les sur une assiette avec le concombre et les ciboules coupés en bâtonnets. Mets le tout au frais.

2. Prépare les ingrédients du sauté : ail, piment, champignons, ciboules, coriandre, concombre.

3. Fais chauffer les deux huiles dans un wok ou une poêle. Fais revenir quelques secondes l'ail et le piment sans cesser de remuer.

4. Ajoute les champignons. Laisse cuire pendant 3 minutes en remuant.

5. Ajoute l'alcool de riz, le sucre, un peu de sauce soja, le poivre. Fais revenir le tout pendant 4 minutes.

6. Ajoute l'agneau haché. Fais revenir 3 à 4 minutes. Termine par les ciboules, la coriandre et les dés de concombre. Mets la laitue et la sauce hoisin sur la table, le sauté dans un saladier et laisse chacun rouler sa feuille de salade. Bois du thé vert avec. Miam…

Pour 4 personnes

Pour les roulés de salade

- 1 laitue Iceberg
- 4 c. à soupe de sauce hoisin (sauce pimentée à base de soja)
- 1/2 concombre pelé et coupé en bâtonnets
- 4 ciboules coupées en bâtonnets

Pour le sauté

- 5 gousses d'ail hachées
- 450 g d'agarics bruns
- 1 piment vert épépiné et haché
- 6 ciboules hachées
- Coriandre fraîche hachée
- Dés de concombre
- 1 c. à soupe d'huile de tournesol
- 1 c. à café d'huile de sésame
- 225 g d'agneau haché
- 1 c. à soupe d'alcool de riz
- Un peu de sauce soja
- Poivre noir
- 1 ou 2 c. à café de sucre

20 minutes

Petites douceurs

Ces desserts sont-ils si délicieux que ça?
Pour le savoir, suis les recettes.

Pour 4 personnes

Ingrédients

- **240 ml d'eau**
- **110 g de sucre**
- **450 g de prunes**
- **1 c. à café d'eau de rose**
- **1 gousse de vanille**
- **1 branche de romarin**

Crème anglaise

- **300 ml de lait**
- **Vanille: 1 gousse ou quelques gouttes d'essence, ou 1 zeste de citron**
- **3 œufs**
- **10 g de sucre**
- **5 g de Maïzena**

Délice turc

aux prunes et à la crème anglaise

Associe des fines herbes et de l'eau de rose à des prunes et tu obtiendras le dessert de tes rêves. Sers ces prunes avec des toasts à la cannelle (page 21) découpés en bâtonnets et une somptueuse crème anglaise.

Préparation

1. Fruits: fais chauffer l'eau et le sucre dans une casserole jusqu'à ce que le sucre soit dissous.
2. Ajoute les prunes, l'eau de rose, la gousse de vanille (fendue au milieu), le romarin. Laisse mijoter doucement pendant 10 à 15 minutes, jusqu'à ce que la peau des fruits se fende et qu'ils soient bien tendres. Ne les fais pas trop cuire.
3. Crème anglaise: fais chauffer le lait dans une casserole avec la gousse de vanille fendue, l'essence de vanille ou encore le zeste de citron. Quand il commence à bouillir, ôte la casserole du feu. Retire la gousse.
4. Casse les œufs et sépare le blanc du jaune. Bats les jaunes dans un grand saladier avec le sucre et la Maïzena.
5. Ajoute le lait chaud peu à peu en tournant avec une cuillère en bois.
6. Refais chauffer le mélange à feu doux. Remue bien pour qu'il épaississe. Ne le fais pas bouillir. Le lait caillerait. S'il y a des grumeaux, trempe la casserole dans l'eau froide et remue comme un fou. Déguste chaud, tiède ou froid.

Galettes d'avoine express

On peut difficilement faire plus rapide ou plus facile. Tu peux emporter ces galettes dans ton sac d'école ou ton sac de sport.

Pour 12 galettes

- **110 g de flocons d'avoine**
- **10 g de semoule fine**
- **75 g de cassonade**
- **110 g de beurre**

Préparation

1. Préchauffe le four à 190 °C (thermostat 6).
2. Fais fondre le beurre dans une casserole. Mets les flocons d'avoine, la semoule et la cassonade dans un grand saladier.
3. Ajoute le beurre fondu. Remue bien.
4. Verse le mélange dans un moule bien beurré (28 x 18cm).
5. Tasse bien en recouvrant la surface du moule. Enfourne 15 minutes. Laisse un peu refroidir puis découpe 12 carrés avec un couteau aiguisé. Une fois qu'ils ont bien refroidi, démoule les carrés avec précaution à l'aide d'une spatule.

Biscuits nappés de chocolat

Tu es plutôt chocolat noir ? Chocolat blanc ? Chocolat au lait ? Tu détestes le chocolat ? Pas de problème, fais un glaçage.

Préparation

1. Préchauffe le four à 190 °C (thermostat 5).
2. Passe les ingrédients au mixeur. À la main : bats le beurre et le sucre dans un saladier pour obtenir un mélange crémeux. Tout en remuant, ajoute l'œuf battu et la vanille.
3. Ajoute la farine et la semoule. Une fois assez lisse, rassemble la pâte avec les doigts.
4. Étale-la. À l'aide d'un verre fariné, découpe des disques dans la pâte. Dispose-les sur la plaque de cuisson légèrement graissée. Enfourne les biscuits 10 minutes, pour qu'ils soient à peine colorés. Laisse reposer 3 minutes puis mets-les à refroidir. Glace-les quand ils sont froids (compte encore 5 minutes).

Glaçage au chocolat : fais-le fondre le chocolat au bain-marie ou au micro-ondes. Nappes-en les biscuits et lisse avec une petite cuillère.
Glaçage au sucre : mélange le sucre glace tamisé avec un peu de jus de citron pour faire un sirop. Nappes-en les biscuits.

Pour 10 biscuits
- 110 g de beurre ramolli
- 110 g de sucre glace
- 1 œuf de battu
- 5 gouttes d'essence de vanille
- 250 g de farine
- 25 g de semoule fine

Glaçage au chocolat
- 200 g de chocolat de qualité supérieure

Glaçage au sucre
- 200 g de sucre glace
- Jus de citron

Biscuits à l'orange et aux amandes

Offres-en à ta grand-mère pour le thé. Elle va t'adorer. Un devoir rendu en retard ? Donne un biscuit au prof.

Préparation

1. Préchauffe le four à 180 °C (thermostat 4).
2. Passe les 5 premiers ingrédients de la liste au mixeur.
3. Ou mets le beurre dans un grand saladier. Travaille-le avec une cuillère en bois. Ajoute le sucre. Mélange pour obtenir une consistance crémeuse. Ajoute la farine tamisée, la poudre d'amandes et le zeste d'orange. Mélange.
4. Forme des boules de pâte, de la tailled'une noix.
5. Espace les biscuits sur une plaque non graissée. Aplatis-les un peu ou trace des dessins avec une fourchette. Badigeonne-les de confiture et ajoute une cerise coupée en deux sur le dessus. Enfourne-les 10 à 15 minutes, le temps qu'ils se colorent un peu. Saupoudre-les de sucre et laisse-les refroidir.

Pour 10 à 20 biscuits
- 110 g de beurre ramolli
- 50 g de sucre glace
- 110 g de farine avec levure incorporée)
- 25 g d'amandes en poudre
- Zeste de 1/2 orange
- Cerises confites
- Confiture de fraises
- Sucre pour la finition

30 minutes : hop, c'est réglé !

Cuisiner, c'est un peu comme remplir son iPod. On a envie d'y mettre un peu de tout. Du hip-hop, de la soul, un peu de jazz et de la musique « garage ». C'est le principe de ce dernier chapitre : un mélange de **cuisine au quotidien** et de **vrais classiques.** Des recettes pour les copains, les fêtes, les repas de famille. De super desserts comme mes **petits paniers au gingembre.**

D'accord, il y a bien une ou deux recettes qui exigent un délai supplémentaire (auquel cas, je le précise), alors ne prévois pas de train à prendre. L'essentiel, c'est de te faire plaisir.

La règle d'or ? Eh bien, d'après mon expérience, plus tu es détendu, meilleur sera le résultat. Tu débutes ? Tu n'as pas dormi de la nuit ? Sois indulgent avec toi-même. Certains jours, il faut 30 minutes rien que pour traverser la cuisine. Prends tout ton temps : c'est la qualité de ce que tu manges qui compte.

Soupe

Un de mes plats favoris. Tout ce que tu désires est rassemblé dans un bol. Pour un repas complet, accompagne ta soupe de pain, de fromage, d'un fruit, d'un peu de salade.

Pour 4 à 6 personnes

Ingrédients

- **2 c. à soupe d'huile d'olive**
- **Des lardons**
- **1 oignon haché menu**
- **2 gousses d'ail écrasées**
- **1 pomme de terre coupée en dés**
- **1 carotte coupée en dés**
- **200 g de lentilles corail**
- **2 x 400 g de chair de tomate en boîte**
- **1,5 litre de bouillon de légumes ou de volaille**
- **1 ou 2 c. à soupe de purée de tomates**
- **1 pincée de sucre**
- **1 ou 2 c. à soupe de persil haché**
- **Sel, poivre noir**

Servir avec du parmesan ou du gruyère râpé. Du bon pain chaud et croustillant, des toasts de pain complet.

VARIANTE

MINESTRONE MINUTE : remplace les lentilles par une boîte de gros haricots blancs. À L'ÉTAPE 5, ajoute une poignée de pâtes. Ne mixe pas la soupe.

Soupe à la tomate et aux lentilles

Cette soupe est un délice. Idéale pour se réchauffer après le sport ou quand il fait gris. Idéale quand on se sent mal dans ses baskets. Bref, idéale quelles que soient les circonstances. Mixe-la si tu l'aimes veloutée, à moins que tu ne la préfères avec des morceaux. Pour les végétariens, supprime le bacon.

Préparation

1. Verse de l'huile dans une grande poêle. Fais revenir les lardons à feu doux pendant 2 minutes.

2. Ajoute l'ail et l'oignon. Fais-les revenir sans les colorer. Ajoute la pomme de terre et la carotte. Couvre.

3. Fais suer les légumes pendant quelques minutes. Dans l'intervalle, lave les lentilles puis égoutte-les.

4. Mets les lentilles dans une casserole. Ajoute le contenu de la poêle, la chair de tomate, le bouillon, une cuillère à soupe de purée de tomates, la moitié du persil, le sucre, le sel et le poivre.

5. Laisse mijoter 15 à 20 minutes avec le couvercle jusqu'à ce que les légumes soient bien tendres. Ajoute le reste de la purée de tomates et du persil. Remue. Retire du feu.

6. Pour un velouté, laisse reposer la soupe 2 minutes et mixe-la. Ajoute un peu d'eau si elle est trop épaisse, un peu de purée de tomates si elle est trop liquide, et réchauffe-la.

VARIANTE
COURGETTE ET FROMAGE : fais revenir à feu doux dans du beurre, 450 g de courgettes en rondelles avec de l'ail pendant 20 minutes. Puis, fais cuire tous les autres ingrédients (sauf le cresson) dans un autre récipient. À L'ÉTAPE 6, ajoute les 3/4 des courgettes à la soupe, ainsi que du basilic. Mixe. Ajoute le reste des courgettes, de la moutarde, du fromage et du jus de citron.

Soupe au fromage et au cresson

Le cresson, c'est excellent pour le teint, les cheveux, les os, les neurones, l'énergie, le système immunitaire… et pour faire une soupe. Il se marie très bien avec le fromage.

Pour 4 personnes

- 225 g de cresson
- 1 pomme de terre
- 1 poireau
- 1 oignon
- 2 gousses d'ail écrasées
- 40 g de beurre
- 900 ml de bouillon de volaille ou de légumes
- Sel, poivre
- 50 g de parmesan râpé, ou de roquefort émietté
- 1 c. à soupe de jus de citron
- 2 c. à café de moutarde
- 3 c. à soupe de crème fraîche (facultatif)
- Parmesan

Préparation

1. Hache grossièrement le cresson et ôte les tiges dures. Émince finement le poireau. Épluche la pomme de terre et coupe-la en dés. Hache l'oignon.
2. Fais fondre le beurre dans une casserole. Fais revenir l'oignon, le poireau, l'ail pendant 5 minutes sans les colorer.
3. Ajoute la pomme de terre et remue bien. Couvre. Laisse mijoter 4 minutes.
4. Ajoute la moitié du cresson puis le bouillon, le sel, le poivre.
5. Porte à ébullition puis baisse le feu et laisse mijoter 15 minutes. Ajoute le reste de cresson et laisse cuire 5 minutes (vérifie que les dés de patates sont bien cuits).
6. Retire la casserole du feu. Ajoute la moutarde, le fromage, le jus de citron. Laisse refroidir un peu. Passe au mixeur. Goûte. Tu peux ajouter de la crème fraîche si tu le souhaites et un peu plus de liquide si la soupe est trop épaisse. Rectifie l'assaisonnement. Déguste la soupe telle quelle ou avec des croûtons revenus dans de l'huile d'olive, du parmesan, des lardons.

Légumes affriolants

Qui a besoin de viande avec des plats comme ça? Pas moi.

Pour 6 personnes

Ingrédients

- **Un peu de beurre pour la cuisson**
- **2 c. à soupe de parmesan râpé**
- **50 g de miettes de pain frais**
- **175 g de gruyère râpé**
- **4 gros œufs**
- **150 ml de crème liquide**
- **Sel, poivre noir**
- **Poivre de Cayenne**
- **2 c. à soupe d'eau chaude**

Garniture

- **Mayo aillée ou nature, au curry, au citron, aux fines herbes (page 123)**
- **Salade hachée : roquette et cresson**
- **Tomates cerises coupées en deux**
- **Concombre pelé haché**
- **Herbes fraîches hachées (facultatif)**
- **Vinaigre balsamique**

ASTUCE TEMPS

Concernant les œufs, ne t'attarde pas avec des blancs qui ne montent pas. Utilise des ustensiles bien propres et secs. Prends garde à bien séparer les blancs des jaunes. Casse un œuf à la fois – le jaune dans un récipient, le blanc dans un autre – avant de l'ajouter à la préparation.

Roulé à la salade et au fromage

Ce roulé est le summum du chic. L'onctuosité du fromage domine le croquant de la salade.

Préparation

1. Beurre un moule de 35 cm x 27 cm. Tapisse-le de papier cuisson. Surtout, recouvre bien les rebords. Saupoudre la surface couverte avec la moitié du parmesan.
2. Préchauffe le four à 200 °C (thermostat 7).
3. Mélange les miettes de pain, le fromage, les jaunes d'œufs, la crème, le sel, le poivre noir, le poivre de Cayenne et l'eau.
4. Bats les blancs d'œufs en neige bien ferme. Incorpore-les délicatement au mélange de sorte qu'il reste aérien.
5. Étale en couche égale dans le moule. Enfourne 10 à 15 minutes jusqu'à ce que la pâte soit bien levée. Laisse refroidir sur une grille.
6. Prépare les ingrédients de la salade.
7. Saupoudre de parmesan une autre feuille de papier cuisson de la taille de ton moule. Retourne la pâte sur la feuille.
8. Défais le papier cuisson. Étale une fine couche de mayonnaise, puis ajoute la salade, les crudités et une rasade de vinaigre balsamique.
9. Sers-toi du papier pour rouler la pâte dans le sens de la longueur. Si ton roulé se casse un peu ou que la garniture déborde, pas de panique.
10. Dispose-le sur un plat. Ajoute des feuilles de salade. Coupe-le en tranches et sers-le avec du pain chaud et plus de salade.

Tartes culottées

Tarte crémeuse aux champignons ou acidulée aux tomates? Les deux!

Pour 4 à 6 personnes

- 375 g de pâte feuilletée pur beurre toute prête

Pour la tarte aux champignons

- 225 g de champignons de Paris grossièrement hachés
- 2 gousses d'ail écrasées
- 1 c. à soupe de beurre
- 1 c. à soupe de vin blanc
- Herbes fraîches hachées
- Sauce soja
- 1 c. à soupe de crème fraîche
- Sel, poivre noir

Pour la tarte à la tomate

- 350 g de tomates cerises
- Huile d'olive
- 1 c. à soupe de tapenade (page 123) ou de purée de tomates séchées
- Quelques olives noires
- Fromage de chèvre
- Rondelles d'oignon rouge
- Feuilles de basilic

Préparation

1. Préchauffe le four à 220 °C (thermostat 7).
2. Fais fondre du beurre dans une poêle. Fais revenir à feu doux les champignons et l'ail en rajoutant du beurre si nécessaire. Ajoute le vin et fais-le réduire jusqu'à évaporation.
3. Ajoute les herbes, la sauce soja, la crème, le sel et le poivre. Retire la poêle du feu.
4. Sur une planche farinée, coupe la pâte en deux et roule chaque moitié en un rectangle de 23 cm x 15 cm.
5. Étale les fonds de tarte dans deux moules légèrement beurrés. Avec un couteau aiguisé, trace une ligne sur la pâte, dans le sens de la longueur uniquement, à environ 2 cm des bords afin que la pâte lève à cet endroit. Puis pique l'intérieur de la tarte avec une fourchette.
6. Étale les champignons sur une moitié.
7. Sur l'autre moitié, étale une couche de tapenade ou de purée de tomates. Recouvre avec les tomates cerises roulées dans l'huile, les olives, le basilic, des morceaux de fromage de chèvre, des rondelles d'oignon. Enfourne 15 minutes.

Aubergines gratinées au four

Si tu as une réserve de sauce tomate au frigo ou au congélateur, ce sera vite prêt. Si tu as le temps, prépare une sauce le jour même.

Pour 4 personnes

- 2 grosses aubergines
- Sauce tomate maison (page 66) ou un pot de passata (coulis de tomates)
- Feuilles de basilic frais
- 225 g de parmesan râpé

Préparation

1. Préchauffe le four à 220 °C (thermostat 7).
2. Verse un filet d'huile d'olive dans un grand moule.
3. Coupe les aubergines en rondelles.
4. Arrose-les d'un peu d'huile. Parsème de basilic.
5. Enfourne 10 minutes (ou tu peux les faire griller).
6. Prépare la sauce tomate et fais-la chauffer.
7. Graisse un plat à gratin avec un soupçon d'huile. Recouvre d'une fine couche de sauce tomate, saupoudre de fromage, ajoute une couche d'aubergines, du sel, du poivre, du fromage et ainsi de suite.
8. Termine avec une bonne couche de fromage.
9. Enfourne 10 minutes jusqu'à ce que le dessus soit bien gratiné.

Pizzas contre la montre

La charte de la pizza : 1. Prépare la pâte toi-même.
2. Prépare une pizza fine et croustillante dans la foulée.
3. Laisse lever le reste de la pâte. 4. Stocke-le au congélateur.
4. Sors-le dès qu'il te prend l'envie d'une bonne pizza.

Pour 2 à 4 fonds de pizzas

Ingrédients

- **450 g de farine panifiable**
- **1 cuillère à café de sel**
- **1 cuillère à café de sucre en poudre**
- **2 sachets (7 g chacun) de levure à levée rapide**
- **300 ml d'eau tiède**
- **2 cuillères à soupe d'huile d'olive**

ASTUCE TEMPS

Prépare la garniture avant de sortir la pâte du congélateur. Les fonds surgelés facilitent le nappage.

Pâte à pizza
basique à congeler ou pas

Le goût de l'huile d'olive fait toute la différence. Utilise ta pâte dans la foulée ou congèle-la pour une autre fois. Il ne te restera plus qu'à faire la garniture. Prévois-en beaucoup pour de futures fêtes.

Préparation

1. Tamise la farine et le sel dans un saladier. Ajoute le sucre et la levure.
2. Verse l'huile d'olive et l'eau. Mélange avec les doigts.
3. Malaxe la pâte jusqu'à obtenir une boule bien lisse. Ajoute un peu d'eau si nécessaire.
4. Tu pétris à la main ? Dispose la pâte sur une surface farinée. Pétris-la pendant 10 minutes.
5. Tu utilises un robot ? Pétris-la dans la machine pendant 8 minutes.
6. Mets la pâte dans un grand saladier. Recouvre-la d'un film plastique. Laisse-la reposer dans un endroit tempéré pendant 1 heure, jusqu'à ce qu'elle ait doublé de volume.
7. Entre-temps, huile légèrement 4 grandes plaques de cuisson.
8. Divise la pâte en 2 ou en 4. Étale-la en cercles ou en rectangles. Laisse-la reposer à couvert sur les plaques pendant 15 à 20 minutes pour qu'elle monte encore un peu.
9. Prépare ta/tes pizza(s) (voir suite) ou congèle la pâte avec les plaques. Quand elle est bien dure (au bout de 2 heures environ), mets-la dans des sacs congélation.

La croustillante (au gril)

Elle ressemble aux pizzas cuites au four à bois avec son petit goût fumé. Croustillante, vite faite (pas besoin de faire lever la pâte) et bluffante.

Préparation

1. Prépare une pâte à pizza basique.
2. Prends-en un petit morceau et garde le reste pour d'autres fonds.
3. Étale la pâte sur une surface farinée.
4. Graisse la plaque de cuisson avec un peu d'huile d'olive. Fais-la chauffer au maximum.
5. Mets la pâte à cuire 1 minute : elle doit commencer à cloquer et à gonfler un peu. Retourne-la et fais-la cuire 1 minute de l'autre côté.
6. Fais chauffer le gril à température maximale.
7. Mélange l'ail à la sauce tomate et étales-en une fine couche sur la pâte. Ajoute les olives, les herbes, le parmesan, le sel, le poivre et 1 filet d'huile d'olive.
8. Fais griller la pizza 1 à 2 minutes jusqu'à ce qu'elle soit bien croustillante.

Ingrédients

- **1 pâte à pizza**
- **Sauce tomate maison (page 66) ou de passata**
- **1 gousse d'ail écrasée**
- **Quelques olives noires**
- **Feuilles de basilic ou une pincée d'origan**
- **Parmesan râpé**
- **Sel, poivre noir**
- **Huile d'olive**

VARIANTE
À LA VIANDE : ajoute du jambon, du salami ou du pepperoni.
À L'AIL : mélange de l'huile d'olive avec deux gousses d'ail écrasées, des herbes, du sel, du poivre, un peu de chair de tomate.

La fondante (au four)

Nappe les fonds de pizza surgelés avec ces garnitures à base de tomate. Ajoute du prosciutto, du jambon de Parme, du pepperoni, des anchois, un mélange de fromages, ce qui te fait plaisir, quoi !

Pizza à la tomate sans fromage

Préparation

1. Préchauffe le four à 230 °C (thermostat 8).
2. Mélange les tomates avec 2 cuillères à soupe d'huile d'olive, l'origan, une pincée de sel.
3. Nappes-en la pizza. Parsème d'ail, de basilic, ajoute un filet d'huile d'olive. Enfournelta pizza sur une plaque huilée pendant 15 à 20 minutes.

Ingrédients

- **400 g de chair de tomate en boîte**
- **2 ou 3 cuillères à soupe de bonne huile d'olive**
- **Origan séché**
- **3 gousses d'ail émincées**
- **Feuilles de basilic**
- **Sel, poivre noir**

Margherita

Préparation

1. Préchauffe le four à 230 °C (thermostat 8).
2. Mélange l'ail avec la sauce et nappe ta pâte avec.
3. Ajoute les olives, la mozzarella, le parmesan, le basilic.
4. Arrose d'un filet d'huile d'olive. Mets au four 15 à 20 minutes.

Ingrédients

- **1 portion de sauce tomate maison (page 66) ou un pot de passata**
- **2 gousses d'ail écrasées**
- **Quelques olives noires**
- **Tranches de mozzarella**
- **Feuilles de basilic**
- **Parmesan râpé**
- **Huile d'olive**

Kebabs

J'adore les brochettes. Fais-les cuire au barbecue ou au gril électrique. Tu utilises des piques en bois ? Laisse-les tremper 20 minutes dans de l'eau froide pour les empêcher de brûler.

Pour 6 personnes

Ingrédients

- **4 blancs de poulet coupés en morceaux**
- **Feuilles de laurier**

Sauce barbecue

- **1 c. à soupe d'huile de tournesol**
- **1 oignon haché**
- **1 gousse d'ail hachée**
- **Du gingembre frais râpé**
- **2 c. à soupe de sauce Worcestershire**
- **3 c. à soupe de ketchup**
- **1/2 c. à soupe de vinaigre de malt**
- **1 c. à soupe de jus d'orange**
- **1/2 c. à soupe de cassonade**
- **Vin au gingembre ou jus d'orange si nécessaire**

VARIANTE

POULET TANDOORI : À L'ÉTAPE 1, mélange le poulet, le jus de 1 citron et du sel. À L'ÉTAPE 2, mixe 240 ml de yaourt nature, 1 gousse d'ail, 1 échalote, du gingembre frais, 1 petit piment rouge, 2 c. à café de purée de tomates, 2 c. à café de garam masala, 1 pincée de paprika. Laisse mariner le poulet puis fais-le cuire.

Brochettes de poulet sauce barbecue

Relève ton poulet avec cette merveilleuse sauce barbecue. Tu peux aussi essayer avec du porc (côtelettes, brochettes, côtes dans l'échine ou escalopes). C'est à devenir accro ! (On s'en lèche les doigts.) Délicieux avec du riz et une salade.

Préparation

1. Dans une petite poêle huilée, fais revenir l'ail et l'oignon 3 minutes à feu doux sans les colorer. Ajoute les autres ingrédients de la sauce. Porte à ébullition. Laisse mijoter 3 minutes et mixe.
2. Dans un saladier, mélange le poulet avec les deux tiers de la sauce. Laisse mariner 5 minutes.
3. Préchauffe le gril à température maximale. Pique tes morceaux de poulet sur 4 brochettes en métal ou en bois préalablement mises à tremper. Alterne avec des feuilles de laurier si tu en as.
4. Dispose les brochettes sur la grille. Fais cuire 10 minutes en les retournant fréquemment. Vérifie la cuisson avec la pointe d'un couteau.
5. Entre-temps, réchauffe le reste de sauce dans une poêle avec un peu de vin au gingembre ou de jus d'orange pour la rendre plus liquide. Nappes-en les kebabs avant de les servir.

Brochettes
aux légumes et au halloumi

Hmmm… Dilemme : parmi tous ces bons légumes, lesquels vais-je associer avec ce fromage ?

Pour 4 personnes

- 450 g de halloumi coupé en dés
- 3 courgettes coupées en rondelles
- 2 poivrons rouges épépinés et coupés en morceaux
- 4 tomates fermes coupées en deux ou en quartiers
- Quelques champignons de Paris (sans le pied)
- 2 oignons rouges coupés en quartiers
- Feuilles de laurier

Marinade

- 5 c. à soupe d'huile d'olive
- 2 gousses d'ail pilées
- Jus de 1 citron
- Basilic ou persil (séché : 2 pincées ; frais : 1 poignée)
- Gros sel, poivre noir

Servir avec une salade de couscous (page 69) et du pain chaud.

Préparation

1. Mets les légumes et le fromage dans un grand saladier.
2. Ajoute l'huile, le jus de citron, l'ail écrasé et les herbes. Mélange. Laisse mariner 10 minutes.
3. Tapisse la lèchefrite de papier d'aluminium. Préchauffe le gril à température maximale.
4. Alterne fromage, légumes et feuilles de laurier, si tu en utilises, sur des brochettes en métal ou en bois préalablement mises à tremper.
5. Fais griller 8 à 10 minutes en retournant les brochettes toutes les minutes et en les badigeonnant de marinade si elles sont trop sèches, jusqu'à ce que le fromage soit fondant. Les légumes doivent rester un peu craquants.
6. Arrose avec le reste de marinade, de la salsa verde (page 55). Accompagne de jus de citron, de mayonnaise à l'ail ou à la harissa (page 123).

Kebab d'agneau

Un délicieux kebab.

Pour 4 à 6 personnes

- 900 g de steak, de gigot ou de filet d'agneau coupés en dés
- 1/2 c. à soupe de paprika doux
- 1 c. à soupe d'huile d'olive
- Jus de 1 citron
- 1 gousse d'ail écrasée
- 2 c. à soupe d'origan ou de thym
- Gros sel, poivre noir
- Feuilles de laurier

Préparation

1. Mets la viande dans un grand saladier.
2. Ajoute les autres ingrédients. Mélange. Laisse mariner.
3. Préchauffe le gril au maximum. Enfile les morceaux de viande sur des brochettes en métal. Alterne avec les feuilles de laurier, si tu en utilises.
4. Fais griller les brochettes quelques minutes jusqu'à ce que la viande soit bien cuite à l'extérieur, rosée et tendre à l'intérieur.

POURQUOI PAS ?
Déguste ton kebab dans une pita avec du yaourt nature et une super salade.

Tex mex

De la coriandre. Du guacamole. Beaucoup de piment. Des poivrons. Des épices. De la viande. Du fromage. Des légumes. Des tortillas. Envoie des textos à tes copains. Soirée tex mex. En avant la musique !

Tortillas maison

Hop ! on pétrit et on étale. Une tortilla fine et moelleuse, ça cuit en moins d'une minute, et c'est tellement meilleur que celles qu'on achète dans le commerce !

Pour 10 à 12 tortillas

Ingrédients

- **225 g de farine**
- **1 cuillère à café de sel**
- **25 g de margarine ou de saindoux**
- **125 ml d'eau tiède**

Préparation

1. Tamise la farine et le sel dans un grand saladier.
2. Ajoute la margarine. Du bout des doigts, incorpore-la rapidement et délicatement à la farine.
3. Ajoute l'eau peu à peu en battant avec une fourchette. Rassemble la pâte en une grosse boule. Pétris-la jusqu'à ce qu'elle soit bien lisse.
4. Couvre le saladier avec un torchon. Laisse reposer au moins 10 à 15 minutes.

Réalisation

1. Farine légèrement un surface plane.
2. Divise la pâte en 10 petites boules.
3. Farine un rouleau à pâtisserie. Aplatis légèrement les boules de pâte pour former des disques de 15 à 20 cm de diamètre. La pâte risque de coller un peu. Pas de panique. Étale-la de nouveau après avoir ajouté un peu de farine (certains préfèrent l'étaler sur du film plastique). Si les disques sont inégaux, recoupe-les au couteau.
4. Fais chauffer une poêle sans matière grasse.
5. Lorsqu'elle est bien chaude, fais cuire les tortillas 1 à 2 minutes de chaque côté. Il faut que la pâte reste souple afin que tu puisses la rouler, avec de petites taches brunes.
6. Recouvre vite les tortillas avec un linge pour qu'elles sèchent. Garnis-les et congèle ce qui reste.

Tostadas

Des tortillas frites prêtes à recevoir leur garniture. Dispose-les sur un plat ou laisse tes invités les garnir eux-mêmes à table. Une fois revenues à la poêle, elles sont plus croustillantes.

Préparation

1. Fais chauffer de l'huile dans une poêle. Fais revenir chaque tortilla jusqu'à ce qu'elle soit dorée des deux côtés.

2. Sers-les chaudes avec la garniture présentée dans des bols.

3. Garnis-les toi-même avec de la purée de haricots, de la laitue (éventuellement assaisonnée) et des morceaux de poulet, du guacamole, du fromage.

Ingrédients

- **Huile d'olive ou de tournesol**
- **1 ou 2 tortillas par personne**

Garnitures au choix

- **Purée de haricots (page 123)**
- **1 laitue Iceberg coupée en lanières**
- **Vinaigrette (facultatif) (page 122)**
- **2 blancs de poulet cuits ou restes de poulet rôti coupés en lanières**
- **Guacamole (page 38) ou avocats émincés**
- **Gruyère râpé ou feta émiettée**

30 minutes

Fajitas au poulet

Sois cool. Garnis toi-même ces fajitas et laisse les gens danser et bavarder. Pour les petits dîners, pose le tout sur la table. La classe ! Fais revenir du poulet citronné avec des oignons et des poivrons. C'est bon aussi avec du tofu, des champignons ou du Quorn (substitut de viande à partir de protéines végétales) pour les végétariens.

Pour 4 personnes

- 2 blancs de poulet
- 2 citrons verts pressés
- 1 c. à soupe de sucre
- 1 c. à café d'origan séché
- 1 pincée de cannelle
- Poivre de Cayenne
- 8 tortillas maison (page 100) ou du commerce
- 2 c. à soupe d'huile de tournesol
- 1 oignon rouge haché
- 1 petit piment rouge épépiné et haché menu
- 1 poivron rouge et 1 poivron jaune épépinés et coupés en lanières

Accompagnements

- Salsa verde
- Gruyère
- Guacamole
- Crème fraîche

VARIANTE
FAJITAS AU BŒUF : remplace le poulet par 350 g de rumsteck.

Préparation

1. Coupe le poulet en lanières de 1,5 cm d'épaisseur. Mets-le dans un saladier avec le jus de citron, le sucre, l'origan séché, les épices. Réserve.
2. Entre-temps, prépare la pâte à tortilla. Occupe-toi de la garniture pendant que tu la laisses reposer. (Tu utilises des tortillas toutes prêtes ? Réchauffe-les).

3. Fais cuire tes tortillas comme indiqué page 100. Garde-les au chaud sous un torchon.
4. Fais chauffer de l'huile dans une grande poêle ou un wok. Fais revenir le poulet mariné pendant 5 minutes.
5. Ajoute les oignons, les poivrons, le piment. Fais revenir 3 à 4 minutes jusqu'à ce que le poulet soit bien cuit et les légumes tendres.
6. Répartis le mélange dans les tortillas et ajoute un peu de salsa verde (page 55), du gruyère râpé, du guacamole (page 38) et de la crème fraîche. Roule. Régale-toi.

Quesadillas

Un délice ! Sers-les avec les accompagnements habituels.

Pour 4 personnes

- **Tortillas (page 100)**
- **1 boîte de haricots frits et réduits en purée**
- **225 g de gruyère râpé**
- **110 g de mozzarella coupée en dés**
- **2 piments épépinés et hachés menu ou quelques jalapeños marinés (piments mexicains très forts)**
- **1 c. à soupe de coriandre hachée**
- **1 citron vert**
- **Huile de tournesol**

Préparation

1. Sur un quart de tortilla, étale une cuillerée de purée de haricots et ajoute les fromages, le piment, la coriandre et du jus de citron.
2. Plie la tortilla en deux puis encore en deux de façon à obtenir un triangle.
3. Humidifie les bords et appuie bien pour les sceller. Ferme-les avec 2 ou 3 cure-dents si nécessaire (retire-les avant de servir histoire que personne ne s'étrangle avec).
4. Verse de l'huile dans une poêle. Elle doit couvrir les quesadillas au tiers. Fais-les frire jusqu'à ce qu'elles soient bien dorées. Dépose-les sur du papier absorbant. Sers-les avec de la crème fraîche, de la salsa, du guacamole (page 38).

VARIANTE

L'OPTION RAPIDE : pose tes fajitas sur une plaque de cuisson chaude. Ajoute des lanières de mozzarella ou du gruyère râpé sur une moitié. Replie et appuie bien sur les bords. Fais cuire pendant 1 minute de chaque côté. Coupe en trois morceaux. Déguste. Pour ceux qui aiment les épices : ajoute un piment frais épépiné et haché menu.

Risotto… relaxant

Le risotto, c'est tout un poème. Ces deux recettes sortent de l'ordinaire. Elles prennent un peu plus de temps, mais elles en valent la peine. Utilise du riz à risotto (le riz arborio est très bien, le vialone nano est encore plus crémeux). Et du bon bouillon fait maison (page 122) ou sélectionné avec soin.

Pour 4 personnes

Ingrédients

- **1 litre de bouillon de volaille ou de légumes**
- **10 g de champignons séchés**
- **50 g de beurre**
- **1 oignon haché**
- **2 gousses d'ail écrasées**
- **175 g d'agarics bruns coupés en morceaux**
- **350 g de riz arborio ou vialone nano**
- **150 ml de vin blanc**
- **1 citron**
- **1 c. à café de sauce soja**
- **Sel, poivre**
- **1 c. à soupe de crème fraîche**
- **50 g de parmesan râpé**

POURQUOI PAS ?

Un repas complet dans un bol de riz. Rince 150 g de riz basmati. Plonge-le dans 300 ml d'eau froide. Fais bouillir. Couvre. Laisse cuire 10 minutes, afin que l'eau soit absorbée. Éteins le feu. Laisse reposer 5 minutes. Égoutte et sépare les grains avec une fourchette. Ajoute du poulet, du poisson, du bœuf ou du tofu revenus à la poêle.

Risotto aux champignons

Délicieux. Toute une gamme de saveurs différentes est contenue dans ce plat. Coupe les champignons en gros morceaux. Les champignons séchés donnent un parfum particulier au plat, secondé par d'autres saveurs tout aussi subtiles. Remarque : très bon pour les hyperactifs. Le riz est un aliment sain et puis préparer le risotto a des vertus apaisantes.

Préparation

1. Verse le bouillon, de préférence fait maison, dans une casserole. Fais chauffer à feu vif puis garde au chaud.

2. Mets les champignons séchés à tremper dans un bol avec 2 ou 3 cuillères à soupe de bouillon chaud.

3. Fais fondre le beurre dans une grande poêle. Fais revenir l'oignon à feu doux pendant 1 à 2 minutes. Ajoute les champignons frais et l'ail, et laisse cuire pendant 1 à 2 minutes.

4. Ajoute le riz en remuant bien pour enrober les grains, puis le vin. Laisse-le s'évaporer sans cesser de remuer. Ajoute les champignons séchés et leur bouillon.

5. Verse une louche de bouillon chaud dans le riz. Remue jusqu'à ce qu'il soit absorbé. Ajoutes-en une autre. Répète l'opération pendant 10 à 15 minutes, jusqu'à épuisement du bouillon. Le riz doit être moelleux et crémeux. Goûte-le. Ajoute un peu de vin ou de bouillon si nécessaire. Il faut que la consistance soit un peu liquide. Ajoute le jus d'un demi-citron.

6. Ôte le récipient du feu. Ajoute la sauce soja, le sel et le poivre, puis la crème fraîche et le parmesan. Sers dans des bols ou dans des assiettes. Saupoudre de parmesan.

VARIANTE
RISOTTO AUX PETITS POIS ET AUX ASPERGES: À L'ÉTAPE 4, ajoute des petits pois surgelés une fois le bouillon à moitié incorporé. À L'ÉTAPE 5, remplace le saumon par des asperges cuites.
RISOTTO POULET, JAMBON ET FROMAGE: À L'ÉTAPE 5, remplace le saumon par des morceaux de jambon rôti, des lanières de poulet rôti et du gruyère. Assure-toi que le poulet est bien chaud avant de servir.

Risotto au saumon, aux épinards et au fromage

Le risotto suprême? Chez soi, oui. Meilleur avec du saumon fumé à chaud (rien à voir avec le saumon fumé ordinaire, beaucoup plus huileux). Achète-le chez un traiteur ou dans un bon supermarché, emballé sous vide. sinon, utilise du saumon frais. Prends ton temps pour préparer ce risotto !

Préparation

1. Fais chauffer le bouillon dans une casserole. Garde-le au chaud.
2. Fais fondre le beurre dans une grande poêle. Fais revenir l'oignon et l'ail à feu doux pendant quelques minutes sans les colorer.
3. Augmente un peu le feu. Verse le riz dans la poêle. Remue afin que les grains s'imprègnent bien. Ajoute le vin. Remue jusqu'à absorption.
4. Ajoute une louche de bouillon chaud sans cesser de remuer. Lorsqu'il est presque absorbé, ajoutes-en une autre et répète l'opération pendant 10 à 15 minutes, jusqu'à épuisement du bouillon. Goûte le riz pour vérifier la cuisson. Parfois il lui faut un peu plus de liquide.
5. Éteins le feu. Ajoute le fromage, la crème fraîche, les épinards, le saumon, des fines herbes, le sel et le poivre. Arrose d'un filet de jus de citron. Saupoudre de gruyère râpé. Sers dans des bols à soupe

Pour 4 personnes

- **1,2 litre de fumet de poisson ou de bouillon de légumes**
- **75 g de beurre**
- **1 gros oignon haché menu**
- **2 gousses d'ail hachées**
- **225 g de riz arborio ou vialone nano**
- **150 ml de vin blanc**
- **50 g de gruyère râpé**
- **225 g de saumon fumé à chaud coupé en morceaux**
- **50 g de jeunes pousses d'épinards ou de roquette**
- **2 c. à café d'herbes fraîches hachées: aneth, persil ou coriandre**
- **50 ml de crème fraîche**
- **Sel, poivre noir**
- **Un filet de jus de citron**
- **Parmesan pour saupoudrer le plat**

Les préférés de la famille

Toute le monde cuisine à la maison, donc nous cuisinons ensemble. D'accord, les répliques fusent quand on est tous dans la cuisine, mais on s'amuse et les repas sont toujours réussis. Teste nos recettes préférées. Mais rappelle-toi qui commande dans la cuisine. Dans ton cas, c'est toi. Dans le mien, c'est moi.

Pour 4 personnes

Ingrédients

- **1 ou 2 cuillères à soupe de moutarde**
- **1 cuillère à café de vinaigre de vin blanc**
- **Gros sel, poivre**
- **4 blancs de poulet**

Garnitures

Beurre d'ail :

- **50 g de beurre ramolli**
- **2 grosses gousses d'ail écrasées**
- **Herbes de ton choix**

Jambon-fromage :

- **2 tranches fines de jambon blanc**
- **Tranches fines ou copeaux de gruyère ou de fontina.**

Chapelure :

- **50 g de pain blanc rassis sans la croûte**
- **50 g de parmesan finement râpé**
- **10 g de beurre ramolli**

Servir avec des pommes de terre sautées et une salade bien assaisonnée.

Poulet
à la Kiev

Alors, qui veut quoi dans son poulet à la Kiev ? Mon père le préfère sans garniture. Pour ma mère et moi, je le farcis avec du beurre d'ail. Pour mes amis Joe et Tom, c'est jambon-fromage. Un super plat, vu qu'il contente tout le monde.

Préparation

1. Préchauffe le four à 230 °C (thermostat 8).
2. Mélange la moutarde, le vinaigre, le sel et le poivre dans un grand plat à marinade.
3. Mets le poulet que tu ne vas pas farcir dans le saladier et imprègne-le bien avec le mélange.
4. Prépare les garnitures pour le reste du poulet. Coupe le jambon et le fromage. Mélange le beurre mou avec l'ail et les herbes dans un bol.
5. Dépose le poulet sur une planche à découper. Fais une entaille au milieu de chaque morceau et farcis le poulet. Évite les bords pour ne pas que la garniture s'échappe. Appuie bien pour refermer.
6. Ajoute ces morceaux à la marinade. Imprègne-les bien et laisse reposer.
7. Passe au mixeur le pain avec le beurre et le parmesan.
8. Roule les morceaux de poulet dans la chapelure avant de les disposer sur une plaque allant au four. Enfourne 15 à 20 minutes. Vérifie la cuisson avec la pointe d'un couteau. La viande doit être uniformément blanche et bien tendre. Délicieux.

Boulettes
de saumon

Un délice.
Les meilleures boulettes de saumon du monde. Tu peux recycler ta purée de la veille pour accélérer le mouvement mais pour des boulettes parfaites, prépare tout le jour même.

Pour 6 boulettes

- **175 g de pommes de terre épluchées et coupées en morceaux**
- **50 g de beurre**
- **1 échalote ou 1 petit oignon haché menu**
- **1 gousse d'ail pilée**
- **350 g de filet de saumon sans peau et sans arêtes**
- **125 ml de vin blanc ou de jus de pomme**
- **75 g de pain sans la croûte**
- **Jus de citron**
- **1 cuillère à café de moutarde**
- **Aneth, coriandre ou persil**
- **Gros sel, poivre noir**
- **Un peu de farine**
- **1 œuf**
- **Huile d'olive**
- **Crème fraîche (facultatif)**

Préparation

1. Fais cuire les pommes de terre dans une petite casserole d'eau bouillante salée.
2. Entre-temps, fais fondre la moitié du beurre dans une poêle. Fais revenir l'ail et l'échalote à feu doux pendant 2 minutes sans les colorer.
3. Ajoute le saumon (coupé en cubes de 3 cm), le vin ou le jus de fruit, le sel et le poivre. Couvre. Laisse cuire 4 minutes.
4. Passe le pain au mixeur. Étale les miettes dans une assiette.
5. Égoutte le poisson dans une passoire et recueille le jus dans un bol. Mets le poisson dans une assiette et émiette-le à la fourchette.
6. Égoutte les pommes de terre. Remets-les dans la casserole et fais-les sécher quelques secondes à feu doux. Écrase-les à la fourchette ou au presse-purée, puis ajoute le jus de citron et la moutarde.
7. À l'aide d'une fourchette, mélange délicatement la purée, le poisson, les herbes hachées. Sale, poivre. Forme des boulettes ou des bâtonnets.
8. Verse un peu de farine dans une assiette ou sur une planche à découper. Bats l'œuf. Roule les boulettes, d'abord dans la farine, ensuite dans l'œuf (en égouttant l'excès) puis dans les miettes de pain.
9. Fais chauffer de l'huile et le beurre restant dans une poêle. Fais revenir les boulettes 3 minutes de chaque côté.
10. Fais chauffer le jus du poisson avec un peu de crème fraîche et un peu de vin ou de jus de citron. Arroses-en les boulettes.

Servir avec de la purée de petits pois. Délicieux avec une tranche de bacon croustillant sur le dessus. À tremper dans une sauce au piment doux, du ketchup ou de la mayonnaise aillée.

POURQUOI PAS ?

Sers les boulettes avec des épinards. Lave les feuilles sans les égoutter. Fais-les cuire 2 à 3 minutes dans une casserole en les couvrant. Égoutte bien. Ajoute un peu de beurre et de l'ail haché.

Cassoulet à ma façon

Un classique détourné. Normalement, le cassoulet met des heures à cuire : c'est très bien si tu as le temps mais, dans le cas contraire, c'est la plaie. Suis plutôt ma recette et sors louer un film. Ou passe la soirée en famille, affalé sur le canapé. N.B. : très bon avec une bonne cuillerée de chutney aux pommes (page 124).

Pour 4 personnes

- **2 cuillères à soupe d'huile de tournesol**
- **1 oignon de taille moyenne haché menu**
- **2 gousses d'ail écrasées**
- **8 agarics bruns émincés**
- **300 ml de cidre ou de jus de pomme**
- **410 g de baked beans en boîte (haricots blancs cuisinés à la sauce tomate)**
- **410 g de gros haricots blancs égouttés**
- **1 cuillère à café de moutarde**
- **Un peu de sauce Worcestershire**
- **1 cuillère à café de purée de tomates**
- **2 ou 3 cuillères à soupe d'herbes hachées : coriandre, persil ou thym**
- **Poivre noir**
- **1 cuillère à soupe de crème fraîche**
- **Un peu de xérès**
- **225 à 275 g de chorizo coupé en rondelles**
- **Environ 100 g de pain sans la croûte**

POURQUOI PAS ?
Remplace le chorizo par de la bonne saucisse de porc coupée en rondelles.

Préparation

1. Fais chauffer l'huile dans une casserole ou une petite cocotte. Fais revenir l'oignon pendant 3 à 4 minutes à feu doux sans le colorer.
2. Ajoute l'ail et les champignons et laisse cuire quelques minutes.
3. Ajoute le cidre ou le jus de fruit. Laisse évaporer.
4. Ajoute les haricots en boîte, un doigt de xérès, la moutarde, la sauce Worcestershire, la purée de tomates, un tiers des herbes hachées et une bonne pincée de poivre moulu.
5. Laisse mijoter à feu doux en vérifiant de temps à autre que le mélange n'attache pas.
6. Huile légèrement une poêle à frire. Fais dorer les rondelles de chorizo de chaque côté. Ajoute-les aux haricots. Laisse le tout mijoter à feu très doux.
7. Préchauffe le gril. Passe le pain au mixeur avec le reste des herbes.
8. Mets les haricots dans un plat allant au four. Parsème de miettes de pain.
9. Fais gratiner 3 à 4 minutes sous le gril jusqu'à ce que le dessus soit bien doré.

Soufflés
au fromage faciles

Légers. Aériens. Ces petits soufflés demandent un peu de temps mais ils ont une allure et un goût extraordinaires. Sors ton appareil photo numérique et réserve-leur une place de choix dans l'album de famille.

Pour 4 personnes

- **Un peu de beurre ramolli pour graisser les ramequins**
- **35 g de beurre**
- **25 g de farine**
- **1/2 cuillère à café de moutarde**
- **1 pincée de poivre de Cayenne ou de noix de muscade**
- **300 ml de lait**
- **Jus de citron**
- **75 g de gruyère ou de parmesan râpé**
- **4 gros œufs**
- **Sel, poivre noir**

Servir avec du parmesan râpé, de la salsa verde (page 55) et une salade.

Préparation

1. Préchauffe le four à 200 °C (thermostat 7). Installe la plaque de cuisson à mi-hauteur.
2. Utilise des ramequins d'environ 8 cm de diamètre. Beurre-les et saupoudre-les d'un peu de parmesan (ça aide la pâte à lever).
3. Fais fondre le beurre dans une casserole. Ajoute la farine tamisée, la moutarde, le poivre de Cayenne ou la muscade. Fais cuire pendant 1 minute en remuant. Ôte la casserole du feu. Verse le lait peu à peu en battant le mélange avec un fouet.
4. Quand ce dernier est bien lisse, remets-le sur le feu et porte-le à ébullition. Laisse cuire 2 minutes en continuant à battre le mélange pour ne pas qu'il brûle. S'il épaissit, pas de panique : ce procédé est censé supprimer le goût de la farine.
5. Ôte la casserole du feu. Ajoute le fromage, les jaunes d'œufs, le sel, le poivre, quelques gouttes de jus de citron. Bats énergiquement.
6. Monte les blancs d'œufs en neige bien ferme au fouet électrique ou manuel. Incorpore une cuillerée de blanc au mélange puis ajoute le reste délicatement.
7. Remplis les ramequins aux deux tiers. Pour un joli effet, dessine un cercle avec le doigt sur le dessus.
8. Enfourne les soufflés 11 à 12 minutes avant d'ouvrir la porte du four. Vérifie la cuisson avec la pointe d'un couteau : il doit ressortir propre. Remets-les au four quelques instants si nécessaire. Déguste sur-le-champ.

VARIANTE
SOUFFLÉS COURGETTES-FROMAGE : À L'ÉTAPE 2, coupe 175 g de courgettes en dés. Fais-les revenir dans un peu de beurre. À L'ÉTAPE 5, ajoute-les au mélange.

30 minutes

Pour 4 personnes

- 2 carrés d'agneau dégraissés (chacun comportant six côtelettes)
- 1 à 2 c. à soupe de moutarde
- 50 g de beurre ramolli
- 2 gousses d'ail
- 110 g de pain blanc rassis sans la croûte
- Herbes fraîches hachées
- Sel, poivre noir
- 3 c. à soupe bombées de gelée de groseille
- 300 ml de vin ou d'eau

ASTUCE TEMPS

Achète de l'agneau bien gras. Incise la viande. Ou roule-la dans des herbes hachées. Fais-la cuire.

Carrés d'agneau en croûte d'herbes

Une viande cuite au four en un clin d'œil avec une croûte délicieuse. Qui va la découper? Toi, pardi! La viande cuite sur l'os, c'est toujours fameux.

Préparation

1. Préchauffe le four à 220 °C (thermostat 7).
2. Ôte la graisse excédentaire avec un couteau aiguisé (pas besoin de tout enlever).
3. Prépare ton mélange d'herbes. Passe au mixeur le pain, l'ail et les herbes hachées, puis mélange-les avec le sel, le beurre ramolli, la moutarde jusqu'à obtenir une pâte lisse.
4. Étale la pâte sur la viande en couche égale.
5. Mets la viande dans un plat à rôti et enfourne 15 minutes.
6. Quand l'agneau est cuit (il doit rester rosé à l'intérieur, vérifie avec un couteau), garde-le au chaud.
7. Mélange la gelée de groseille avec le vin ou l'eau dans le plat.
8. Sépare les côtelettes. Mélange le jus de viande avec la sauce à la gelée de groseille. Arrose la viande. Délicieux avec des pommes de terre nouvelles, des petits pois à la menthe et une salade bien assaisonnée.

Soirée curry

Tout le monde aime manger un curry de temps en temps. Voici des recettes de currys pour les pressés. Parfait pour les soirées en famille ou entre copains.

Pour 4 personnes

Ingrédients

- **75 g de beurre**
- **1 oignon de taille moyenne coupé en petits dés**
- **4 gousses d'ail écrasées**
- **1 pincée de sel**
- **1/2 c. à café de poivre de Cayenne**
- **1/2 c. à café de piment en poudre**
- **3 c. à café de paprika doux**
- **2 c. à café de garam masala (mélange d'épices indiennes)**
- **2 c. à café de coriandre en poudre**
- **1 bâton de cannelle**
- **4 graines de cardamome écrasées**
- **700 g de passata (coulis de tomates)**
- **2 c. à soupe de purée de tomates**
- **2 c. à soupe de vinaigre de vin rouge**
- **1 c. à soupe de gingembre frais râpé**
- **4 blancs de poulet**
- **200 ml de crème liquide**
- **150 ml de yaourt nature**
- **Coriandre fraîche**
- **Riz**

Servir avec du pain naan chaud et de la salade.

Poulet au curry rouge

Un curry doux et crémeux. À déguster avec des tonnes de poppadums (galettes indiennes) et du chutney à la mangue. Pour un buffet, sers-le avec d'autres currys.

Préparation

1. Fais fondre le beurre dans une grande cocotte. Ajoute l'oignon, l'ail, une pincée de sel. Fais revenir à feu doux pendant 2 minutes. Ajoute les autres épices. Laisse cuire jusqu'à ce que l'oignon soit tendre.

2. Ajoute la passata, la purée de tomates, le vinaigre, le gingembre et remue bien. Porte le mélange à ébullition puis baisse le feu et laisse mijoter 10 minutes.

3. Mets les morceaux de poulet dans la cocotte et remue bien. Ajoute la crème et le yaourt. Baisse le feu. Laisse mijoter 10 minutes, jusqu'à ce que le poulet soit bien cuit.

4. Entre-temps, prépare le riz. Parsème le poulet de coriandre. Sers.

Détache les bords de la crêpe avec une spatule et retourne-la. Fais-la cuire de l'autre côté.
4. Garnis tes crêpes ou empile-les entre des feuilles de papier sulfurisé pour plus tard.

Garniture
1. Préchauffe le four à 220 °C (thermostat 7).
2. Étale les crêpes. Garnis-les sur un côté.
3. Plie-les en deux puis encore en deux pour former un triangle.
4. Dispose-les sur une plaque de cuisson et enfourne-les 10 minutes.

Crêpes
au poulet, jambon, fromage et à la tomate

Du poulet froid, du jambon et d'autres ingrédients pour fourrer ces crêpes. Il te reste un fond de sauce bolognaise?

Ingrédients

- Lanières de poulet rôti froid
- Lanières de jambon rôti maison ou de bon jambon du commerce
- Gruyère ou parmesan râpé
- Sauce tomate maison (page 66) ou 1 pot de passata (coulis de tomate) additionné d'ail écrasé

Préparation

1. Préchauffe le four à 220 °C (thermostat 7).
2. Nappe les crêpes d'un peu de sauce tomate.
3. Ajoute la viande et le fromage râpé au centre.
4. Roule les crêpes avant de les disposer dans un plat légèrement graissé.
5. Verse le reste de sauce autour des crêpes. Parsème de fromage.
6. Enfourne 10 à 15 minutes jusqu'à ce que le dessus soit bien gratiné.

Crêpes aux champignons

Les végétariens font souvent la fine bouche. Pas avec cette recette que je dédie à ma sœur, Polly.

Pour 1 personne

- Un peu de beurre
- 1 gousse d'ail écrasée
- 4 ou 5 champignons de Paris ou agarics bruns hachés
- Sel, poivre noir
- 1 peu d'estragon frais haché
- 1 c. à soupe de crème fraîche allégée
- 1 crêpe
- Gruyère ou parmesan râpé

Préparation

1. Préchauffe le four à 220 °C (thermostat 7).
2. Fais fondre un peu de beurre dans une poêle. Ajoute l'ail et les champignons. Fais-les revenir pendant quelques minutes.
3. Sale, poivre. Ajoute l'estragon et la crème fraîche.
4. Garnis la crêpe d'un côté.
5. Roule-la et mets-la dans un petit plat à gratin légèrement beurré.
6. Parsème de fromage râpé. Enfourne 10 minutes jusqu'à ce que la crêpe soit bien dorée.

Crêpes fourrées

Tes copains débarquent ? Une bonne soirée crêpes en perspective, à déguster avec la garniture de son choix.

Pour 8 à 10 crêpes

Ingrédients

- 175 g de farine
- 1 bonne pincée de sel
- Poivre noir
- 2 gros œufs
- 1 jaune d'œuf
- 425 ml de lait
- 2 cuillères à café de beurre fondu
- 2 c. à café de graines de pavot ou d'aneth ou de ciboulette

Garnitures

Jambon-fromage :

- Chutney à la mangue
- Lanières de jambon
- Gruyère râpé

Crevettes au miel et à l'ail : Fais revenir 2 ciboules hachées, 1 gousse d'ail pilée, du gingembre râpé dans de l'huile pendant 3 minutes. Ajoute une poignée de crevettes cuites. Remue bien. Ajoute du miel liquide, du jus de citron, du poivre et de la sauce soja.

Épinards-fromage : Fais cuire des épinards 3 minutes dans une casserole avec une cuillère à soupe d'eau. Égoutte-les. Ajoute une gousse d'ail écrasée, du poivre, un peu de crème fraîche allégée et du gruyère râpé.

Crêpes fourrées au four

Des crêpes légères comme de la dentelle. Incorpore des graines de pavot ou des fines herbes à la pâte si tu le souhaites. Garnis tes crêpes de jambon et de fromage, de crevettes à l'ail et au miel, d'épinards et de fromage ou, encore meilleur, de ciboule, de fromage et de thon.

Préparation

1. Mélange les trois premiers ingrédients de la liste en tamisant la farine avec le sel et le poivre dans un grand saladier. Creuse un puits au milieu. Ajoute les œufs plus le jaune avec un peu de lait. Bats énergiquement avec un fouet en versant petit à petit le lait jusqu'à ce que la pâte devienne bien lisse.

2. Ajoute les graines ou les herbes et le beurre fondu. La pâte peut être préparée plusieurs heures à l'avance. Mets-la au frais. Mélange-la de nouveau avant de cuire les crêpes.

Cuisson

1. Fais fondre un peu de beurre dans une poêle en prenant garde à ne pas le laisser brûler.

2. Verse un peu de pâte dans la poêle.

3. Penche-la de façon à recouvrir toute la surface.

Magrets de canard
sauce sucrée-salée et purée aillée

Des ingrédients variés : du canard, de la confiture, des pommes de terre, un peu de vin rouge, une pincée d'épices, de l'ail. C'est Tom qui a rapporté cette recette à la maison avec une tonne de linge sale. C'est un délice ! La vie étudiante, je te jure !

Préparation

1. Préchauffe le four à 220 °C (thermostat 7).
2. Mélange le sucre, le sel et les épices dans une grande assiette.
3. Avec un couteau, quadrille la graisse des magrets.
4. Pose-les côté graisse sur le mélange d'épices. Pose une assiette et des poids dessus afin qu'ils s'imprègnent bien.
5. Prépare la purée. Fais bouillir les pommes de terre épluchées et coupées en morceaux avec l'ail pendant 15 minutes.
6. Prépare la viande. Fais revenir les magrets côté graisse dans une poêle bien chaude pendant 2 minutes. Retourne-les et saisis-les 2 minutes de l'autre côté. Mets-les dans un plat à rôti et enfourne-les 10 à 15 minutes.
7. Prépare la sauce. Fais chauffer la confiture avec le vin (ou autre) dans une petite casserole. Quand des bulles commencent à se former, remue et baisse le feu. Laisse cuire 5 minutes.
8. Vérifie la cuisson du canard avec un couteau (il doit être un peu rosé à l'intérieur). Garde-le au chaud (ne jette pas la graisse).
9. Égoutte les patates. Prépare la purée comme indiqué page 84 en ajoutant le beurre, le lait chaud, la moutarde et les ciboules.
10. Pose les filets de canard sur une planche à découper. Coupe-les en tranches. Ajoute le jus de viande à la sauce. Dispose le canard dans des assiettes avec la purée et la salade, arrose de sauce.

Pour 4 personnes

- **4 magrets de canard**
- **2 c. à café de sucre**
- **1 c. à café de sel**
- **1 c. à café de cinq épices**

Purée

- **900 g de pommes de terre**
- **2 gousses d'ail**
- **50 g de beurre**
- **125 ml de lait**
- **2 ciboules émincées**
- **Sel, poivre noir**

Sauce sucrée-salée

- **2 ou 3 c. à soupe de confiture de cerises noires (avec des morceaux)**
- **175 ml de vin rouge, de porto, de bouillon de volaille ou de légumes (page 122)**

30 minutes

Curry aux pommes de terre, petits pois et champignons

Délicieux avec des poppadums et du riz. Accompagne à merveille un poulet au curry rouge bien crémeux. Pendant que tu prépares celui-ci, demande à un copain de s'occuper de l'autre.

Pour 4 personnes

- 2 c. à soupe d'huile
- 1 oignon haché menu
- Sel
- 4 gousses d'ail pilées
- 1/2 c. à café de graines de cumin pilées
- 1/2 c. à café de graines de moutarde écrasées
- 1/2 c. à café de piment en poudre
- 1/2 c. à café de curcuma
- 1 piment vert épépiné et haché menu
- 3 tomates hachées
- 400 g de champignons de Paris sans le pied, nettoyés et émincés
- 2 pommes de terre cuites coupées en dés
- 1 tasse de petits pois surgelés
- Coriandre fraîche hachée

Préparation

1. Fais chauffer de l'huile dans un grand faitout. Ajoute l'oignon et une pincée de sel. Fais revenir à feu doux pendant 2 minutes.
2. Ajoute l'ail, les graines de cumin et de moutarde. Remue pendant 2 minutes.
3. Ajoute le curcuma, le piment, les pommes de terre, les tomates, les champignons, un peu de coriandre. Laisse mijoter à feu très doux pendant 10 minutes. Remue de temps à autre pour ne pas que ça brûle.
4. Ajoute les petits pois décongelés et un peu d'eau si nécessaire. Laisse cuire 3 à 4 minutes. Saupoudre le reste de la coriandre.

Dahl tikka masala express

Mes sœurs font ce plat très souvent. Le lait de coco apporte une touche très agréable.

Pour 4 personnes

- 225 g de lentilles corail
- 2 c. à soupe d'huile
- 1 gros oignon émincé
- Sel
- 4 gousses d'ail pilées
- 1/2 ou 1 piment vert épépiné et haché menu
- 2 c. à soupe de pâte tikka masala (mélange d'épices)
- 1 citron
- 1 bâton de cannelle (facultatif)
- 100 ml de lait de coco
- 1 litre d'eau chaude
- 1 c. à soupe de chutney à la mangue
- 2 c. à soupe de purée de tomates
- Coriandre fraîche hachée

Préparation

1. Lave les lentilles puis égoutte-les.
2. Fais chauffer de l'huile dans un grand faitout. Ajoute l'oignon et une pincée de sel. Fais-le revenir sans le colorer.
3. Ajoute l'ail, le piment et la pâte tikka masala. Remue et fais revenir à feu doux pendant 1 à 2 minutes. Ajoute les lentilles. Mélange bien.
4. Mélange l'eau chaude avec le lait de coco. Remue. Ajoute la purée de tomates et le chutney à la mangue.
5. Verse le mélange dans le faitout avec le jus d'un demi-citron et le bâton de cannelle. Remue, laisse mijoter 15 minutes, le temps que les lentilles gonflent. Remue et ajoute un peu d'eau si nécessaire.
6. Lorsque le mélange est bien crémeux, goûte. Ajoute un peu de jus de citron et des tonnes de coriandre.

Desserts parfaits

Qu'ajouter de plus ? Régale-toi avec ces recettes.

Pour 4 personnes

Ingrédients

- **60 g de beurre ramolli**
- **60 g de chocolat noir d'excellente qualité cassé en morceaux**
- **1/2 c. à café de zeste d'orange**
- **2 c. à café de café noir**
- **2 œufs de taille moyenne plus 2 jaunes d'œufs**
- **50 g de sucre en poudre**
- **50 g de farine**

Servir avec des framboises, de la crème fraîche, une chantilly, de la glace ou une crème anglaise.

Fondants

au chocolat à tomber par terre

Un dessert fort en chocolat avec une pointe d'orange et un cœur fondant.

Préparation

1. Préchauffe le four à 180 °C (thermostat 6). Beurre légèrement 4 ramequins de 150 ml.
2. Fais fondre le chocolat au bain-marie avec le beurre, le zeste d'orange, le café. Mélange bien.
3. Entre-temps, fouette les œufs et le sucre jusqu'à ce qu'ils blanchissent.
4. Ajoute le chocolat fondu et la farine. Remue délicatement.
5. Répartis le mélange dans les ramequins beurrés. Enfourne sur une plaque de cuisson. Laisse cuire 12 minutes. N'ouvre pas la porte. Il faut que la pâte monte un peu, que l'extérieur soit cuit mais que l'intérieur reste moelleux.
6. Sers les fondants tels quels. Ou démoule-les avec un couteau et renverse-les sur une assiette. Un délice.

VARIANTE
CRÈME À L'ORANGE OU AU CITRON VERT : À L'ÉTAPE 4, remplace le jus de citron par le jus de 2 oranges ou de 4 citrons verts.

Gâteaux-papillons à la crème citron

De petits gâteaux moelleux, un peu collants, au bon goût de citron.
Tu peux y planter des bougies et les servir à l'occasion d'un anniversaire.

Préparation

1. Préchauffe le four à 190 °C (thermostat 6). Tapisse des moules à muffins de petites caissettes en papier.
2. Mets les ingrédients dans un grand saladier. Bats-les au fouet électrique ou à la main pendant 2 à 3 minutes jusqu'à obtenir un mélange bien lisse.
3. Remplis les moules aux trois quarts. Mets au four 12 à 15 minutes pour que la pâte monte et que le dessus dore. Laisse refroidir sur une grille.
4. Prépare la crème : mélange le beurre, le sucre, le zeste et le jus de citron dans un saladier au-dessus d'une casserole d'eau bouillante (le saladier ne doit pas toucher l'eau).
5. Ajoute les œufs battus. Remue jusqu'à ce que la crème épaississe. Verse-la dans un autre saladier pour la faire refroidir.
6. Coupe le dessus des gâteaux. Remplis l'intérieur de crème. Coupe le chapeau en deux. Pose sur la crème et forme deux ailes. Ajoute du sucre glace.

Pour 12 gâteaux

- **110 g de beurre ramolli**
- **110 g de sucre glace**
- **110 g de farine tamisée avec levure incorporée**
- **1 c. à café de levure**
- **2 gros œufs**
- **Zeste de 1 citron**
- **2 gouttes d'essence de vanille**
- **1 c. à soupe de jus d'orange**
- **Sucre glace pour la décoration**

Crème au citron

- **Zeste et jus de 2 citrons**
- **110 g de sucre en poudre**
- **2 gros œufs**
- **50 g de beurre**

30 minutes

Pour 6 personnes

Fruits

- **10 prunes pochées au sirop ou 10 prunes fraîches**
- **2 bananes mûres coupées en rondelles**
- **2 nectarines**
- **Quelques mûres**
- **Quelques fraises**

Crumble

- **100 g de farine**
- **100 g de poudre d'amandes**
- **100 g d'amarettis émiettés**
- **100 g de beurre**

Servir avec de la glace, de la crème fraîche ou une crème anglaise (page 88).

Crumble multifruit aux amarettis

Donne à ton crumble une touche de croquant. Émiette de petits biscuits italiens sur un lit de fruits variés (il te reste des prunes pochées ?). Ajoute de la banane fondante pour lier le tout.

Préparation

1. Préchauffe le four à 200 °C (thermostat 7).
2. Avec des prunes fraîches : mets-les dans une casserole avec de l'eau et du sucre. Porte à ébullition et laisse mijoter le temps de préparer le crumble.
3. Avec des prunes déjà pochées : mets-les directement dans un plat allant au four avec les autres fruits disposés en couche régulière. Ajoute du sirop de façon à recouvrir les fruits à moitié.
4. Mets les amarettis dans un sac congélation. Fais un nœud à l'extrémité du sac. Écrase les biscuits à l'aide d'un rouleau à pâtisserie (pas trop petites, les miettes). Dans un saladier, mets les miettes, la farine, les amandes en poudre et le beurre mou coupé en morceaux.
5. Mélange le tout délicatement du bout des doigts jusqu'à obtenir des miettes.
6. Recouvre les fruits avec cette pâte. Enfourne 15 minutes, jusqu'à ce que le dessus soit doré et croustillant.

Crème au citron et aux fruits nappée de caramel

Un dessert délicieux et ludique. Une tasse à thé. Des fruits frais. De la crème au citron. Du caramel. Dispose la tasse sur une soucoupe avec une petite cuillère et un biscuit.

Pour 6 personnes

- Mélange de fruits entiers ou coupés en dés, par exemple : framboises, mûres, fraises, groseilles, pêches, nectarines, bananes, raisins, mangue fraîche coupée en dés et marinée dans du jus de citron
- Crème fraîche ou chantilly
- 2 cuillères à soupe de crème au citron (page 117)

Nappage

- 110 g de sucre

Préparation

1. Remplis les tasses de fruits aux deux tiers.
2. Bats la crème pour la rendre onctueuse. Ajoute la crème au citron. Recouvre les fruits jusqu'au bord de la tasse. Lisse. Mets au frais 20 minutes.
3. Verse le sucre dans une casserole et fais chauffer à feu doux. Laisse-le fondre et dorer (pas trop non plus, sans quoi il brûle). Verse sans attendre une fine couche de caramel sur les tasses. Laisse-le figer 2 minutes.

Tuiles au gingembre

Un dessert original à garnir avec les fruits de ton choix. Se mange aussi avec de la glace, des rondelles de banane et une sauce au chocolat. Fais des tuiles plates si tu veux tenter un sandwich à la glace. Ou donne-leur une forme incurvée et garnis-les de chocolat.

Pour 6 tuiles

- 50 g de sucre en grains
- 50 g de beurre
- 2 cuillères à soupe de mélasse
- 50 g de farine
- 1 cuillère à café rase de gingembre en poudre
- 2 cuillères à café de jus de citron

Préparation

1. Préchauffe le four à 160 °C (thermostat 5).
2. Dans une casserole, mets le sucre, le beurre et la mélasse. Fais fondre à feu doux.
3. Remue bien. Retire la casserole du feu. Ajoute la farine tamisée, le gingembre et le jus de citron. Mélange bien. Laisse refroidir quelques minutes.
4. Recouvre une plaque de cuisson de papier sulfurisé ou beurre-la. Dispose des cuillerées de pâte sur la plaque en les séparant bien. La pâte s'étale beaucoup. Enfourne 8 minutes, de sorte que les paniers soient bien dorés. Surveille bien ! Sors la plaque du four. Laisse refroidir 1 à 2 minutes jusqu'à ce que tu puisses décoller les tuiles avec une spatule. Donne-leur leur forme finale pendant qu'elles sont encore moelleuses. Laisse refroidir 2 minutes. P.S. : pour une forme incurvée, enroule-les autour du manche d'une cuillère en bois ou plie-les entre tes doigts.

Pour avoir des restes

Rode le système. Cuisine et savoure ces bonnes viandes rôties avec une garniture quand tu as du temps devant toi. Profite des restes les jours où tu es pressé. Important : ces plats sont peut-être plus longs à cuire, mais leur préparation est plus rapide que pour bon nombre de recettes express.

Rosbif

Pour une viande tendre, choisis-la près de l'os. Tu n'es pas sûr de ton choix ? Demande conseil au boucher. Ajoute des pommes de terre en morceaux dans le plat.

Pour 6 personnes

- **1,8 kg de côte de bœuf ou 1,3 kg de côte de bœuf désossée**
- **2 cuillères à soupe d'huile d'olive**
- **Sel et poivre**

Préparation

1. Sors la viande du frigo 1 à 2 heures avant de la cuisiner. Pèse-la et calcule le temps de cuisson (voir ci-contre).
2. Préchauffe le four à 230 °C (thermostat 8). Mets la viande dans un plat à rôti. Fends-la dans le sens de la longueur, au niveau de la partie graisseuse. Sale et poivre. Huile la partie graisseuse.
3. Fais cuire le bœuf pendant 15 minutes à four très chaud. Baisse la température à 180 °C pendant le reste du temps de cuisson. Arrose la partie loin de l'os avec le jus de viande de temps en temps. La partie près de l'os n'en a pas besoin. Vérifie la cuisson avec la pointe d'un couteau. L'idéal, c'est à point (rosé et tendre à l'intérieur, bien doré à l'extérieur).
4. Sors la viande du four. Réserve au chaud pendant 15 minutes, le temps que tu fasses cuire tes pommes de terre, et récupère le jus de viande (à mélanger avec de l'eau).

Temps de cuisson

Fais comme moi, ouvre l'œil ! Disons 15 minutes à température maximale puis :
Pour une viande à l'os : 12 minutes par 500 g (saignant), 15 minutes (à point), 20 minutes (bien cuit).
Pour une viande désossée : 10 minutes par 500 g (saignant), 12 minutes (à point), 15 minutes (bien cuit).

Jambon rôti glacé à l'orange et à la moutarde

J'aime le manger chaud avec des légumes. Ou froid avec des œufs brouillés ou pochés.

Pour 6 personnes

- **2 kg de jambon à rôtir**
- **Eau**
- **300 ml de jus d'orange, de jus de pomme ou de cidre**
- **1 oignon épluché**

Glaçage

- **1 cuillère à soupe de moutarde**
- **1 cuillère soupe de marmelade d'oranges avec des morceaux**
- **1 cuillère à soupe de miel liquide**
- **1 cuillère à soupe de cassonade**
- **15 gousses d'ail entières**

Préparation

1. La veille : mets la viande à tremper dans un grand saladier d'eau froide au frigo afin qu'elle se débarrasse de son excès de sel.
2. Le jour même : égoutte la viande. Mets-la dans une casserole avec du jus de fruit ou du cidre et couvre-la d'eau. Ajoute l'oignon entier.
3. Laisse mijoter à feu doux pendant 1 heure. Entre-temps, mélange les ingrédients du glaçage (sans l'ail).
4. Préchauffe le four à 200 °C (thermostat 7). Égoutte la viande au-dessus d'un saladier. Garde le bouillon pour une soupe s'il n'est pas trop salé.
5. Coupe la peau du jambon pour exposer la graisse. Fais une entaille en forme de losange avec un couteau.
6. Mets-y les gousses d'ail. Dispose le jambon dans un plat allant au four et arrose-le d'un peu de jus de fruit ou de cidre supplémentaire, puis verse les deux tiers du glaçage.
7. Enfourne 45 minutes. Badigeonne avec le reste du glaçage.

Poulet rôti tout simple mais délicieux

Fais-le rôtir et régale-toi. Utilise les restes dans des salades, des sandwichs, des roulés. Garnis-en tes crêpes et tes plats tex mex. Ajoute-le à tes sautés.

Pour 4 à 6 personnes

- **1 gros poulet fermier**
- **Quelques tranches de bacon, de pancetta ou de jambon de Parme**
- **1 citron**
- **Herbes (facultatif)**
- **Sel et poivre**
- **Huile d'olive et un peu de beurre**

Préparation

1. Préchauffe le four à 190 °C (thermostat 6).
2. Mets le poulet dans un plat à rôti. Poivre-le. Étale le bacon sur les blancs pour que la viande ne sèche pas.
3. Glisse 2 quartiers de citron à l'intérieur de la carcasse.
4. Arrose-le poulet d'un filet d'huile et ajoutes-en dans le plat.
5. Enfourne 20 minutes par 450 g et compte 20 minutes supplémentaires. Et voilà !
6. Vérifie la cuisson avec la pointe d'un couteau. La chair doit être bien blanche et le jus doit rester clair. Laisse reposer 10 minutes. Mélange le jus de viande avec un peu d'eau et/ou du vin. Porte-le à ébullition et verse-le sur la viande.

Accompagnements
les essentiels

Ce sont ces accompagnements qui donneront à tes plats un petit plus. Conserve-les au frais, dans tes placards, dans ta huche à pain.

VINAIGRETTES

L'équivalent culinaire d'un bel accessoire, car sans elles, les salades seraient nues.

Ma vinaigrette relevée

La meilleure à mon avis. J'adore le vinaigre balsamique.

Ingrédients

- **1 bonne pincée de sucre en poudre**
- **1 pincée de sel**
- **1 c. à soupe de vinaigre balsamique**
- **4 à 6 c. à soupe d'huile d'olive**

Préparation

1. Bats le sucre, le sel, le vinaigre balsamique dans un bol.
2. Ajoute l'huile sans cesser de battre.
3. Goûte et rectifie l'assaisonnement. Ou mets-le tout dans un bocal. Visse le couvercle. Secoue bien.

La vinaigrette à la moutarde de ma mère

Délicieuse et bien relevée. Un goût subtil.

Ingrédients

- **2 c. à café de moutarde**
- **1 c. à café de miel ou de sucre**
- **1 gousse d'ail pilée ou échalote hachée**
- **2 c. à soupe de jus de citron ou de vinaigre de vin**
- **6 c. à soupe d'huile d'olive**
- **Sel, poivre noir**

Préparation

1. Mélange la moutarde, le miel ou le sucre, le sel, le poivre, le vinaigre ou le jus de citron dans un bol.
2. Ajoute éventuellement de l'ail ou de l'échalote, puis l'huile en battant bien. Ou mets la vinaigrette dans un bocal et secoue bien.

BOUILLONS

Tu t'en serviras pour préparer des soupes et des risottos.

Bouillon de volaille

Prépare-le avec des légumes variés.

Ingrédients

- **1 carcasse de poulet rôti**
- **1 oignon épluché et coupé en 4**
- **1 branche de céleri**
- **1 carotte**
- **Herbes de ton choix**
- **3,4 l d'eau**

Préparation

1. Mets tous les ingrédients dans une casserole avec du jus de viande.
2. Porte à ébullition. Laisse mijoter à feu très doux pendant 2 heures.
3. Filtre avec une passoire. Laisse refroidir puis couvre. Mets au frigo ou au congélateur.

Bouillon de légumes

Pour les soupes végétariennes et les risottos.

Ingrédients

- **2 gros oignons**
- **1 branche de céleri**
- **2 poireaux**
- **3 carottes**
- **Un peu de poivre noir en grains**
- **Herbes**
- **2 gousses d'ail**
- **1 bonne pincée de sel**
- **Jus de 1 citron**
- **2,3 l d'eau**

Préparation

1. Lave et coupe tous les légumes.
2. Mets-les dans une casserole avec l'eau, le jus de citron, l'assaisonnement.
3. Porte à ébullition. Laisse mijoter 1 à 2 heures. Filtre avec une passoire.

La version au fromage

Sublime. Accompagne à merveille une laitue croquante, de la roquette ou de la chicorée.

Ingrédients

- **4 c. à soupe d'huile d'olive**
- **Jus de 1 citron**
- **2 c. à soupe de parmesan râpé**
- **Sel, poivre noir**

Préparation

Mets tous les ingrédients dans un bol et bats énergiquement.

Mayonnaise maison

Prépare une mayonnaise basique et ajoute les ingrédients de ton choix. Idéal pour y tremper des bâtonnets de légumes.

Ingrédients

- **2 jaunes d'œufs**
- **1/2 c. à café de sel**
- **1/2 c. à café de sucre**
- **1 c. à café de moutarde**
- **250 ml d'huile pour cuisson**
- **50 ml d'huile d'olive**
- **2 c. à soupe de jus de citron ou de vinaigre de vin blanc**
- **1 c. à soupe d'eau chaude**

Préparation

1. Bats les jaunes d'œufs, le sel, la moutarde et le sucre dans un grand bol avec un fouet (pose le bol sur un torchon pour éviter qu'il glisse).
2. Mélange les huiles et ajoute-les peu à peu à ta préparation sans cesser de battre. Commence doucement pour que la mayonnaise prenne.
3. Quand tu as versé la moitié de l'huile, ajoute la moitié du jus de citron ou du vinaigre.
4. Ajoute l'huile restante peu à peu en battant toujours.
5. Ajoute le reste de jus de citron ou de vinaigre et l'eau.
6. Goûte et rectifie l'assaisonnement. Se conserve une semaine dans un Tupperware stocké au réfrigérateur.

Variantes

MAYO AILLÉE (AÏOLI) : À L'ÉTAPE 1, ajoute 2 ou 3 grosses gousses d'ail écrasées aux ingrédients de base.
MAYO À L'ANETH ET À LA MOUTARDE (POUR LE POISSON) : ajoute 2 cuillères à café de sucre et 2 cuillères à soupe de moutarde aux jaunes d'œufs. Utilise 150 ml d'huile de tournesol. En fin de préparation, incorpore 1 ou 2 cuillères à soupe d'aneth frais haché à ta mayo.

MAYO ÉPICÉE : remplace la moutarde par 2 cuillères à café de wasabi ou de pâte de harissa.

À TARTINER

Purée de haricots

Parfait pour un repas tex mex. Augmente les quantités à l'occasion d'une fête.

Ingrédients

- **1 oignon haché menu**
- **1 gousse d'ail écrasée**
- **1 c. à soupe d'huile d'olive**
- **440 g de haricots rouges en boîte**
- **1 pincée de cumin (facultatif)**
- **1 pincée d'origan séché (facultatif)**
- **1 pincée de sucre**
- **2 c. à café de vinaigre de vin blanc**

Préparation

1. Fais revenir l'oignon et l'ail dans l'huile pendant 4 minutes.
2. Entre-temps, rince et égoutte les haricots.
3. Ajoute-les à l'oignon avec les épices.
4. Fais revenir le tout jusqu'à ce que les haricots se défassent dans la poêle.
5. Ajoute le vinaigre. Laisse les haricots tels quels ou écrase-les à la fourchette.

Tapenade

Délicieuse étalée sur un toast ou servie avec du poisson, mais aussi dans les pâtes ou dans les légumes.

Ingrédients

- **110 g d'olives noires dénoyautées**
- **1 cuillère à soupe de câpres rincées**
- **11 grosse gousse d'ail**
- **4 filets d'anchois égouttés (facultatif)**
- **1 cuillère à café de moutarde**
- **1 bonne rasade de jus de citron**
- **Poivre noir**
- **4 cuillères à soupe d'huile d'olive**

Préparation

Passe tous les ingrédients au mixeur. Ajoute l'huile peu à peu jusqu'à obtenir une pâte épaisse. La tapenade se conserve bien au frais.

Pesto
Pour accompagner les pâtes, le riz, le poisson, l'agneau, les légumes grillés.

Ingrédients
- **110 g de feuilles de basilic frais**
- **150 ml d'huile d'olive**
- **25 g de pignons de pin (facultatif)**
- **2 grosses gousses d'ail**
- **50 g de parmesan râpé**

Préparation
Passe tous les ingrédients sauf le fromage au mixeur. Ajoute le fromage. Mets au frais.

Variantes
Remplace le basilic par de la coriandre ou de la roquette.

Chutney aux pommes
Gagne du temps. Ce chutney va te durer toute l'année. Accompagne les viandes, fromages, jambons, salades et même le guacamole !

Pour 4 pots soit 900 g
- **2 kg de pommes**
- **600 ml de vinaigre de malt**
- **6 grosses gousses d'ail**
- **675 g de cassonade**
- **125 g de dattes dénoyautées hachées**
- **4 c. à café de gingembre en poudre**
- **2 c. à café de mélange d'épices en poudre**
- **1 c. à café de poivre de Cayenne**
- **1 c. à café de sel**

Préparation
1. Épluche et épépine les pommes. Mets-les dans une grande marmite.
2. Ajoute ensuite l'ail ainsi que la moitié du vinaigre. Fais revenir le tout à feu doux en remuant avec une cuillère en bois le temps que les pommes ramollissent.
3. Ajoute le reste du vinaigre, le sucre, les dattes, le sel, les épices.
4. Laisse cuire à feu doux pendant 30 minutes en remuant pour que le mélange n'attache pas. Il doit rester épais, avec des morceaux.
5. Entre-temps lave des bocaux et fais-les sécher au four à 140 °C (thermostat 5).
6. Répartis le chutney dans les pots. Scelle-les avec un disque de cire (matériel à confiture).
7. Couvre chaque pot de film transparent. Ferme avec un élastique. Lorsque les pots ont refroidi, étiquette-les et conserve-les à l'abri de la lumière. Attends 2 mois avant de consommer.

Pâté de foie de volaille
Un des préférés de la famille. Se conserve une semaine.

Pour 8 personnes
- **400 g de foies de poulet (frais ou surgelés)**
- **Un peu de lait**
- **50 g de beurre plus 2 ou 3 c. à soupe de beurre fondu**
- **3 grosses échalotes émincées**
- **3 gousses d'ail écrasées**
- **3 ou 4 tranches fines de bacon sans couenne**
- **2 ou 3 branches de thym**
- **Un peu de xérès, cognac ou jus de pomme**
- **175 g de crème légère ou de fromage frais à tartiner**
- **1 citron**
- **Sel, poivre noir**

Préparation
1. Fais tremper les foies de volaille dans un peu de lait pendant 20 minutes. Égoutte-les et coupe-les en morceaux.
2. Fais fondre le beurre dans une poêle. Ajoute l'échalote et l'ail. Fais revenir à feu doux pendant 3 minutes. Ajoute le bacon en morceaux.
3. Fais revenir 5 minutes. Ajoute les foies. Remue jusqu'à ce qu'ils soient bien dorés à l'extérieur, rosés à l'intérieur.
4. Augmente le feu et ajoute le cognac, le xérès ou le jus de fruit. Laisse frémir 2 minutes. Ajoute les herbes, le poivre, un peu de sel.
5. Passe le tout au mixeur. Ajoute la crème ou le fromage, le jus de citron. Mixe à nouveau. Goûte et rectifie l'assaisonnement.
6. Laisse refroidir 5 minutes dans un saladier. Recouvre le pâté avec du beurre fondu. Mets au frais. Meilleur le lendemain.

PAINS

Pain blanc
Du pain maison ? Il n'y a rien de meilleur.

Pour 1 pain de 900 g ou 2 miches de 450 g
- **700 g de farine panifiable**
- **2 c. à café de sel**
- **1 bonne pincée de sucre**

- 15 g de beurre
- 7 g de levure en sachet
- 425 ml d'eau tiède
- Beurre pour le moule

Préparation

1. Tamise la farine, le sel et le sucre dans un grand saladier.
2. Ajoute le beurre. Incorpore-le à la farine avec les doigts. Ajoute la levure.
3. Ajoute l'eau peu à peu en mélangeant avec une cuillère en bois.
4. Forme une boule de pâte lisse et ferme à la main. Ajoute de l'eau si nécessaire.
5. Pétris la pâte sur une surface farinée pendant 10 minutes ou utilise un robot.
6. Remets-la dans le saladier et couvre-la d'un film alimentaire. Laisse reposer dans un endroit tempéré jusqu'à ce qu'elle ait doublé de volume (1 à 2 heures selon la température).
7. Pétris-la à nouveau pendant 2 minutes.
8. Donne-lui sa forme et mets-la dans le moule beurré.
9. Laisse-la reposer à couvert jusqu'à ce qu'elle déborde un peu du moule. Entre-temps préchauffe le four à 230 °C (thermostat 8).
10. Enfourne 30 minutes. Retourne le moule et tape sur le dessous : si le pain est cuit, le fond sonne creux. Si nécessaire, remets-le 5 à 10 minutes au four sans le moule. Laisse-le refroidir sur une grille.

Pain à la mélasse

Rapide et délicieux.
Un des préférés de la famille.

Pour 1 pain de 900 g ou 2 miches de 450 g

- **2 c. à soupe de mélasse noire**
- **Jusqu'à 850 ml d'eau tiède**
- **50 g de levure fraîche**
- **450 g de farine panifiable**
- **450 g de farine complète**
- **1 c. à café de sel**

Préparation

1. Préchauffe le four à 200 °C (thermostat 7). Graisse deux moules à pain sans oublier les bords.
2. Mélange la mélasse avec 150 ml d'eau et la levure tamisée. Recouvre-la d'un torchon et laisse reposer jusqu'à ce que le mélange soit mousseux. Ajoute le reste d'eau.
3. Tamise la farine dans un grand saladier avec le sel. Ajoute progressivement le mélange liquide en remuant avec une cuillère en bois jusqu'à ce que la pâte soit bien homogène et pas trop liquide.
4. Répartis le mélange dans les moules. Couvre-les d'un film alimentaire et laisse reposer dans un endroit tempéré le temps que la pâte gonfle : elle doit déborder légèrement du moule.
5. Enfourne 30 minutes. Retourne le pain et frappe sur le dessous : il doit sonner creux. Si la cuisson n'est pas terminée, remets-le au four à l'envers pendant quelques minutes.
6. Laisse-le refroidir sur une grille. Idéal pour des toasts. Délicieux avec du sucré ou du salé.

Scone bread (pain au lait et au beurre)

À manger le jour même avec une soupe. Ou avec du beurre, du jambon et du fromage.

Pour 1 miche

- **375 g de farine à gâteaux (avec levure incorporée)**
- **1/2 c. à café de sel**
- **90 g de beurre fondu**
- **125 ml de lait**
- **125 ml d'eau**

Préparation

1. Préchauffe le four à 220 °C (thermostat 7).
2. Tamise la farine et le sel.
3. Creuse un puits dans la farine. Ajoute le beurre, le lait, l'eau. Mélange avec une fourchette jusqu'à obtenir une pâte homogène.
4. Pose la pâte sur une surface farinée. Pétris-la et étale-la en un disque d'environ 15 cm de diamètre. Pose-le sur une plaque graissée.
5. Coupe-le en 6 parts comme une pizza. Badigeonne-les avec un peu de lait.
6. Saupoudre-les d'un peu de farine. Enfourne-les 10 minutes. Mets le minuteur. Baisse la température du four à 180 °C (thermostat 6) et fais cuire 15 minutes de plus. Laisse ensuite refroidir sur une grille.

Variantes

FROMAGE ET OIGNON : À L'ÉTAPE 3, ajoute un peu de gruyère râpé, de moutarde et une ciboule hachée.
FRUIT : À L'ÉTAPE 3, ajoute une cuillère à soupe de sucre et une poignée de raisins secs ou autres fruits secs.

Index

Index

Liste des courses

Remplis tes placards et c'est parti ! Tout cuisinier efficace doit avoir ses ingrédients à portée de main. Voici ma liste d'essentiels. Tu en as peut-être déjà beaucoup. Dans le cas contraire, ne te précipite pas pour tout acheter. Crée ton stock au fil des recettes.

Bouteilles et bocaux
Bonne huile d'olive (pour la cuisine)
Huile d'olive vierge extra (pour les salades)
Huile de tournesol
Huile de sésame (pour les sautés)
Huile d'arachide (pour les currys)
Vinaigre de vin blanc
Vinaigre de riz
Vin de riz
Bon vinaigre balsamique
Sauce soja
Sauce d'huîtres
Nuoc-mâm
Ketchup
Sauce Worcestershire
Purée de tomates
Passata (coulis de tomates)
Miel liquide
Sirop d'érable
Confiture de cerises
Gelée de groseilles
Bouillon de légumes en cubes
Moutarde
Olives noires
Câpres
Mayonnaise
Pâte de harissa
Pâte de curry
Chutney à la mangue
Piments Jalapeños

Paquets
Levure en sachets
Riz basmati (pour les sautés et autres)
Riz arborio ou vialone nano (pour les risottos)
Semoule de couscous
Boulgour
Lentilles corail
Pâtes : linguines, pennes, spaghettis, tagliatelles
Semoule fine de blé
Nouilles séchées aux œufs
Farine
Farine panifiable (pour les pizzas)
Sucre en poudre
Cassonade
Lait de coco

Conserves
Chair de tomate
Pois chiches
Petits pois
Baked beans (haricots blancs cuisinés à la sauce tomate)
Haricots rouges
Frijoles (haricots frits réduits en purée)
Thon
Mélasse noire
Sirop de mélasse

Épices et condiments
Gros sel
Sel fin
Poivre noir en grains
Poivre noir moulu
Piments séchés
Extraits de vanille
Origan
Mélange cinq épices en poudre
Paprika fumé
Curcuma
Bâtons de cannelle
Graines de cumin
Graines de moutarde
Graines de pavot
Piment en poudre
Eau de rose
Garam massala (mélange d'épices indiennes)
Graines de cardamome
Gingembre en poudre
Cumin en poudre

Produits frais
Beurre
Œufs
Parmesan
Cheddar vieux
Gruyère
Feta
Halloumi

J'ai aussi toujours à portée de main des citrons jaunes ou verts, du gingembre frais, de l'ail, des échalotes et des herbes fraîches telles que du persil, de la coriandre, du basilic et de l'aneth.

Merci à tous mes amis formidables de m'avoir aidé à réaliser ce livre : Nick Howard, Tom Yule, Joe Coulter, Jess Taylor, Charlotte Parkinson, Olivia Towers, Verity Myers, Henry Preen, Dom Hanley, Hannah Jackson, Hattie Coulter, Alex Crossley, Robert Kinnell, Will Butterworth, Anton Holness et Kamal Sharma.

Merci à la boutique de vêtements Sarah Coggles, à Next Generation Gym, à Scott's, mon boucher, à Henshelwood's, mon traiteur, et à la Bottega della Langhe d'Octavio et de Heidi, de nous avoir laissés prendre des photos chez eux et pour les bons produits qu'ils proposent.
Un immense merci à Louise Rooke, championne de la dégustation.

Respect éternel à Lorne pour ses photos. Merci à Denise, Louise et Ellen des éditions Walker pour leur soutien.

Et enfin, merci à mon adorable famille : Polly, Tom, KR et Alice.
Mention spéciale à mon père pour la vaisselle et tout ce qu'il a supporté.

Photographies de Lorne Campbell

Traduction de Julie Lafon
Édition/P.A.O : Catherine Destephen et Didier Gatepaille

Merci à Mathilde Baker pour ses conseils sur la culture britannique

ISBN 978-2-07-061456-1
Titre original "Sam Stern's real food real fast"
Publié par Walker Books Ltd, Londres, en 2006

Numéro d'édition : 151764
Dépôt légal: août 2007
Imprimé en Chine
Ce livre a été composé en VAG Rounded.